| Chapter 1–7 | A Guide to the Industry of Architecture

彰国社

図表でわかる

建築生産レファレンス

佐藤考一

角田 誠

森田芳朗

角倉英明

朝吹香菜子

著

はじめに

　建築生産は、日本経済を支える産業分野の一つであり、この活動に携わる事業者数は優に100万を超えます。しかし、製造業のものづくりとは大きく異なります。基本的に企画・設計・施工という建築プロジェクトの各段階を異なる主体が担っており、1回限りのチームを結成して建物づくりを進めていきます。しかも、施工段階の各種作業は、工事中の建物で行われます。さらに21世紀に入り、既存建物の利用やグローバリゼーションという新しい課題が登場しましたが、その一方で、今日の建築技術が近代以前に成立した建築生産社会によって支えられていることも確かな事実です。
—

　本書は、7つの視点から日本の建築生産を捉え、その特質を93項目に分けて解説しています。本書を建築生産の教材として使う場合、収録した全ての項目を取り上げるよりも、講義内容に応じて必要な項目のみを取り上げることが推奨されます。大学や高等専門学校などで行われている建築生産の大まかな講義方針は3つの類型に整理できます*。しかし、講義項目に関する選択の余地が大きいため、建築生産の講義内容は担当者によってさまざまです。
—

　もちろん、建築生産の副読本として通読する価値も備えています。図表を用いて全ての項目を簡潔に解説しているので、専門的な知識がなくても読み進められます。各項

目が独立しているので、興味を覚えた箇所から読むことも可能です。太字で示したキーワードと索引を手がかりに、テーマを絞った拾い読みをするのも一つの手でしょう。

　著者一同、こうした本書が建築生産に関する学びにさまざまなかたちで活用されることを期待しています。本書執筆に先立ち、建築技術教育普及センターの研究助成を受けて建築生産教育に関する調査研究を行いました。また、この研究に着目して本書を企画したのは彰国社の神中智子さんです。最後になりましたがここに記して感謝の意を表します。

2017年10月

著者代表　佐藤考一

＊佐藤考一・朝吹香菜子・角倉英明・角田誠・森田芳朗「科目「建築生産」の講義内容と教材に関する考察──高専及び大学の建築生産教育に関する調査研究その3」『日本建築学会計画系論文集』No.733、827-835頁、2017年3月。
佐藤考一・角田誠・森田芳朗・朝吹香菜子・角倉英明「科目「建築生産」に関するシラバス計画資料」建築環境ワークス協同組合、2014年3月。

004 – 005 | Contents | 目次

Chapter 1　008
建築生産社会の形成

古代から中世の建築生産
01 | 古代　010
02 | 中世　012

近世から近代の建築生産
03 | 近世　014
04 | 近代（昭和初期まで）　016

Chapter 2　018
日本経済と建築生産

建築生産の経済規模
01 | 建設業の規模　020
02 | 建設投資の構造　022
03 | 建築投資の変化　024
04 | 建設業の雇用規模　026

建築生産を担う業種
05 | 元請業者の種類　028
06 | 建築士と建設会社　030
07 | 建設業の許可業種　032
08 | 労働環境　034

日本の住宅生産の特徴
09 | 住宅市場の拡大と縮小　036
10 | 住宅市場の多様性　038
11 | 住宅産業構造の
　　 転換に向けて　040

1

2

Chapter 3 042

建築生産の社会的分業

建築工事の機械化・工業化、情報化

01 | 建築工事の機械化 044
02 | 建築部材の工場生産 046
03 | オープンシステムと建築部品 048
04 | 建築生産の情報化 050

戦後の住宅大量建設のインパクト

05 | 住宅不足と住宅政策 052
06 | 集合住宅の工業化 054
07 | 戸建住宅の工業化 056
08 | 工務店の誕生 058

住宅生産の転換

09 | 木造住宅の近代化 060
10 | プレカット産業の発展 062
11 | 地域ビルダーの成長 064
12 | 工業化構法の在来化 066
13 | 建築部品の多品種化 068

建築生産を支える法規・規格・約款

14 | 建築業務の分節 070
15 | 建築業務を規定する法規 072
16 | 技術基準 074
17 | 契約 076

建築生産の重層性

18 | 技術基盤としての
　　専門工事業 078
19 | 工事組織の階層構造 080
20 | 重層下請と工事技術 082

Chapter 4 084

建築プロジェクトの編成

設計と施工の分節と統合

01 | 建築プロジェクトの流れ 086
02 | 設計業務と施工業務 088
03 | 監理業務と管理業務 090
04 | 設計・施工主体の選定 092
05 | 設計と施工の統合 094
06 | 建築プロジェクトの
　　発注業務における支援 096

住宅生産の諸相

07 | 住宅生産の棲み分け 098
08 | 分業単位のコントロール 100
09 | 職種の分化と統合 102

3

4

Chapter 5
工事の実施 　　　　　　　104

コスト管理
01 | 工事費のしくみ　　　　　　106
02 | コスト管理業務　　　　　　108

生産管理
03 | 管理の要点と手法　　　　　110
04 | 品質管理と検査　　　　　　112
05 | 施工計画と工程管理　　　　114
06 | 安全管理　　　　　　　　　116
07 | 環境管理　　　　　　　　　118

工事準備
08 | 届出と掲示　　　　　　　　120
09 | 測量・地盤調査・準備工事　122

各種工事
10 | 仮設工事　　　　　　　　　124
11 | 土工事・地業・基礎工事　　126
12 | 躯体工事　　　　　　　　　128
13 | 仕上工事　　　　　　　　　130
14 | 設備工事　　　　　　　　　132
15 | 解体工事　　　　　　　　　134

Chapter 6
建築の利用 　　　　　　　136

建築の利用と再生
01 | 建築の再生と新築の違い　　　138
02 | 業務領域の広がり　　　　　　140
03 | 建築の余剰と
　　 要求水準の上昇　　　　　　142
04 | 住宅需要の構造変化　　　　　144
05 | 土地・建物の所有と利用　　　146
06 | 建築の長寿命化と
　　 ライフサイクルコスト　　　　148

建築を評価するさまざまな視点
07 | 建築再生の選択肢　　　　　　150
08 | 建築再生プロジェクトの収支　152
09 | 不動産の鑑定　　　　　　　　154
10 | 建築の耐用年数　　　　　　　156
11 | 建築の耐用性を高めるしくみ　158
12 | 環境性能の評価　　　　　　　160

建築利用とマネジメント
13 | 区分所有とマンション管理　　162
14 | オフィスビルの
　　 ファシリティマネジメント　　164
15 | 利用者によるリノベーション　166

診断から修繕、改修まで
16 | 建物の点検と診断　　　　　　168
17 | 修繕工事の典型　　　　　　　170
18 | 履歴情報　　　　　　　　　　172
19 | 団地再生　　　　　　　　　　174

利用の構想力
20 | リノベーションの多様性　　　176
21 | コンバージョン　　　　　　　178
22 | さまざまな事業方式　　　　　180

Chapter 7 182

建築生産の国際化

大手建設会社の動向
01 | 建設市場の国際化の経緯　184
02 | 主要国の建設市場比較　186
03 | 海外工事の特徴　188
04 | 外国企業の
　　日本市場への参入　190

住宅メーカーの動向
05 | 住宅メーカーの国際化　192
06 | 海外住宅事業　194
07 | 住宅の輸入　196

建材・建築部品メーカーの動向
08 | 生産拠点の海外展開　198
09 | 建材輸入の状況　200

規格や資格の相互認証
10 | 建材・建築部品規格の
　　グローバル化　202
11 | 建築設計に関する
　　資格の相互承認　204
12 | 品質マネジメントの
　　グローバル化　206

はじめに　佐藤考一　002
参考文献　208
引用転載出典　212
写真クレジット　215
索引　216
略歴　222

執筆分担

Chapter 1
森田——01・02
佐藤——03・04

Chapter 2
角倉

Chapter 3
佐藤——01-04・12・13・18-20
森田——05-07
角倉——08-11
朝吹——14-17

Chapter 4
角田——01-06
佐藤——07-09

Chapter 5
朝吹

Chapter 6
角田——01・06-08・14・17-21
森田——02-05・09-11・13・15・19・20・22
朝吹——12・16
角倉——18

Chapter 7
角田——01-04
角倉——05-07
佐藤——08-12

デザイン：刈谷悠三＋平川響子／neucitora

建築生産社会の形成

建築生産のさまざまな担い手は、
社会の中で徐々に育まれてきました。
新しい時代の幕開けと共に新しい建築技術が出現すると、
新たな職種が生まれ日本社会の中に定着していったのです。
本章では、建築生産の重要な出来事を、
古代・中世・近世・近代という4つの時代区分ごとに解説し、
今日の建築生産社会が形成されていく過程を確認していきます。

Chapter

1

古代から中世の建築生産

01 | 古代　　　　　　　　　　　　　　　　　010

02 | 中世　　　　　　　　　　　　　　　　　012

近世から近代の建築生産

03 | 近世　　　　　　　　　　　　　　　　　014

04 | 近代（昭和初期まで）　　　　　　　　　016

01 | 古代

律令制に基づく建築生産

古代の寺社などの建築生産は、律令国家が取り仕切る、いわば公共事業だった。唐の官庁をルーツに持つ木工寮や修繕事業を分担する修理職などの建設官僚組織が、納税行為として動員された大勢の民衆を指揮しながら建築プロジェクトを進める。そうした中央集権的な建築生産が、律令制の確立する8世紀を頂点に展開された。

—

荘園制の進展と
律令的建築生産体制の崩壊

しかし、この状況は10世紀頃に変化する。荘園制の進展により経済基盤を失った律令国家が、それまで直轄した造営事業を地方の国々に肩代わりさせるようになったためである。これを造国制という。

以降、各地の国々を任された受領国司が、資材調達から労働力の編成まで、プロジェクト遂行のノウハウを蓄積し、新しい建築経営の主体として頭角を現していくことになる。一方、指揮者としての役割を失った木工寮や修理職は、技術上の調整や指導を行う機関として特化していった。

—

小工匠集団の出現と技能の伝達

律令体制の下では、「技術」を与える者(建設官僚)と「労働」に従事する者(民衆)は別個の主体だった。しかし、その体制が崩れると、両者を「技能」として備え持つ個人や集団が現れてきた。

例えば、造国制で力をつけた受領国司は、権力者の私的な建築にも活動範囲を次第に広げていくが、それを施工面で担当したのは、木工寮や修理職の官工が組織する少人数の技能集団だった。また、律令国家が建立した官寺の修理事業も、当初こそ中央が官工を派遣したが、やがて各寺院が自ら抱える寺工の手に委ねられるようになる。

古代から中世への過渡期、こうして生まれた小工匠集団が、さらには親方と弟子による技能伝達の場となっていく。

社会の動き		世紀	建築関連	
		6世紀		
仏教伝来	538			
			588	百済より寺工、路盤工(金工)、瓦工などが渡来
遣隋使派遣	600			
		7世紀		
大化の改新	645			
白鳳地震	684		678	賀茂別雷神社(上賀茂神社)造営
			685	伊勢神宮〈神明造〉式年遷宮の制定──[1]
			7世紀末	法隆寺金堂・五重塔(再建)──[2]

[1] 神明造の伊勢神宮内宮正殿

社会の動き		世紀	建築関連	
大宝律令	701	8世紀		
平城京遷都	710			
三世一身の法	723			
			730	薬師寺東塔──[3]
墾田永年私財法	743		748	造東大寺司設置
			756	東大寺正倉院正倉
			8世紀中頃	唐招提寺金堂
			768	春日神社(後の春日大社)創建

[2] 現存する最古の木造建築群

社会の動き		世紀	建築関連	
長岡京遷都	784		788	一乗止観院(後の延暦寺)建立
平安京遷都	794		796	東寺草創
			8世紀末	室生寺五重塔
		9世紀	806	造宮職を木工寮に併合
			818	修理職の設置
貞観地震	869			
仁和地震	887			
遣唐史停止	894			

[3] 奈良時代の寺院建築の例

社会の動き		世紀	建築関連	
		10世紀		
			960	平安京内裏焼失、造国制の採用
		11世紀	1053	平等院鳳凰堂──[4]
院政開始	1086		11世紀後期	宇治上神社本殿
永長地震	1096			
康和地震	1099			
		12世紀		

[4] 平安時代の寺院建築の例

社会の動き		世紀	建築関連	
			1124	中尊寺金色堂

02 | 中世

僧侶と工匠集団の提携

古代後期に発生した私工房的な小工匠集団は、建築工事の機会を求めて社寺などに身を寄せるようになり、さらには職場を独占するための工匠座を結成した。

一方その頃、大衆からの寄進を集めて寺院の造営を行う勧進僧が現れた。この新しい建築生産の主導者は、座を通じて結合を強めた工匠集団と提携しながら、やがて旧律令制下の受領国司の地位に取って代わるようになる。これに公的な位置付けを与えたのが、東大寺再建をはじめとする事業で導入された寺院知行国制(勧進僧に一国の支配権を与えて造営を行わせる)だった。

—

新様式の導入と分業化の進展

大陸とつながりのあった勧進僧が取り入れた大仏様や禅宗様の建築様式は、柱に貫を通して相互に組み固める技法を特徴とした。この技法は木材の工作や組み立てに高い精度を求めたが、それは高度に分業化され始めた職人世界が可能にした。例えば、木材の採取から製材までの工程は、15世紀には、山作(杣)工(立木を伐採する)、大鋸引(鋸で材を切り出す)、木工の3つの専門職種が分担するようになり、工事の生産性が大きく向上している。

—

大工職の定着による
工匠社会の階層分化

中世の工匠は社寺などに帰属し賦課の免除を受けた。13世紀になると、こうした立場が大工職と呼ばれる施工権として定着した。この権利は世襲されたため、工事を指揮する大工の血縁的一族と、その枠外にある階層とに、工匠社会は二分化されていく。

この階層分化は、かつて小工匠集団のもとに統合された「技能」が、再び「技術」と「労働」に分解することにもつながった。近世の建築生産の担い手となる棟梁は、この亀裂を埋めるつなぎ役として、15世紀に登場したものである。

社会の動き		建築関連	
	12世紀	1181	興福寺再興手斧始め
壇ノ浦の戦い 1185		1186	東大寺再興枘始め
源頼朝、征夷大将軍となる 1192		1192	浄土寺浄土堂 ——[1]
		1194	石山寺多宝塔
		1199	東大寺南大門 ——[2]
	13世紀	1202	建仁寺創建
		1210	興福寺北円堂 ——[3]
		1215	東大寺鐘楼
		1227	大報恩寺本堂
御成敗式目 1232		1236	東福寺創建
		13世紀中頃	大工職の成立
		1251	建長寺創建
		1279	長弓寺本堂
		1283	霊山寺本堂
鎌倉大地震 1293		1327	善福院釈迦堂
鎌倉幕府滅亡 1333	**14世紀**		
建武の新政 1334			
南北朝分裂 1336			
室町幕府成立 1338			
正平地震 1361			
南北朝合一 1392		1397	鶴林寺本堂
		1398	鹿苑寺金閣
勘合貿易開始 1404	**15世紀**		
応永地震 1408		1415	興福寺東金堂
応仁の乱 1467		15世紀中頃	円覚寺舎利殿 ——[4]
		1486	慈照寺東求堂
		1489	慈照寺銀閣
明応地震 1498	**16世紀**		
鉄砲伝来 1543		1540	不動院金堂
キリスト教伝来 1549			
桶狭間の戦い 1560		1571	厳島神社本社本殿
室町幕府滅亡 1573			

[1] 大仏様建築の例——(1)

[2] 大仏様建築の例——(2)

[3] 中世の和様建築の例

[4] 禅宗様建築の例

03 │ 近世

座の解体と一式請負の発生

近世に入ると建築生産に大きな変化が生じる。禅宗寺院などが蓄えた技術を用いながら、農民の大量動員によって大規模な城郭が短期間で建設されるようになり、座の解体によって商工業も盛んになる。こうした状況の中で建築工事の一式請負が生まれ、近世を通して発達していく。

中世までの工事は施主直営であり、木工事を指導する番匠大工は、一つの専門工事の責任者に過ぎなかった。しかし、近世の棟梁は、一式請負の広まりと共に他職種を統括する元請業者という立場を獲得する。実際、こうした職域拡大に伴って、それまではさまざまな職種の指導者全般を指していた大工という呼称が、木工職人のみを指すようになり、現代の木造住宅づくりに結びつく建築生産組織が形成されていった。

木割術の完成と民間建築の勃興

商工業の振興と共に、各地に歓楽街が発達し、娯楽施設の代表である歌舞伎劇場などが大型化する。その一方で、明暦大火を契機として書院造りの質素化が進む。やがて、床・棚・書院を備えた座敷という形式が町家や農家にも普及し、現在見られるような和風住宅が確立していく。

こうした民間建築の勃興は、各種職人の増加によって支えられていた。中世に発生した木割術は、近世初期には部材寸法を定める方法として完成するが、こうした大工技術の体系化によって、その習得が容易になっていたのである。

さらに図面に基づく大規模建築工事も近世初期に普及し、現在と同様の構成の設計図が、近世後期には作成されるようになる。やがて明治期に入ると、煉瓦造などの西洋建築技術が次々に導入されていく。そうした新たな建築技術を短期間に消化できたのも、木造建築で培われた図面作成・読み取り能力が、棟梁を中心とした日本の建築生産組織に蓄積されていたためと考えられている。

社会の動き		16世紀	建築関連	
			1576	丸岡城天守
			1579	安土城
			1582	妙喜庵茶室待庵
			1585	大坂城天守
天正地震	1586			
			1587	聚楽第

		17世紀	1601	光浄院客殿——[1]
江戸幕府誕生	1603		1603	二条城二の丸御殿
			1609	姫路城——[2]
慶長三陸地震	1611		1611	松江城天守
			1617頃	如庵
			1618	本願寺対面所
			1620頃	犬山城天守
			1624頃	吉村家住宅
			1636	東照宮
			1641頃まで	密庵
			1641	桂離宮中書院
			1650	今西家住宅
明暦大火	1657			

[1] 書院造りの例

[2] 城郭の例

		18世紀	1701	閑谷学校講堂——[3]
元禄地震	1703			
宝永地震	1707		1709	東大寺大仏殿（再々建）
享保の改革	1716–			
明和大火	1772			
寛政の改革	1787–			
寛政地震	1793			

[3] 地方の大規模建築の例

		19世紀	1797頃	狐篷庵忘筌（再建）
文化大火	1806			
シーボルト台風	1828			
			1835	旧金毘羅大芝居（金丸座）
天保の改革	1841–			
安政東海・南海地震	1854			
			1863	グラバー邸
			1864	大浦天主堂——[4]
大政奉還	1867			

[4] 幕末の木造教会の例

04 | 近代（昭和初期まで）

西洋建築技術の導入

　明治から昭和初期までは、西洋の建築技術が次々に移入された時期である。こうした技術導入は、明治初期こそ外国人技師が担ったものの、次第に工部大学校や帝国大学などで建築教育を受けた日本人に受け継がれていく。

　日本の非木造建築は煉瓦造から始まったが、関東大震災はこれらに大きな被害をもたらした。そのため、組積造からの脱却が急速に進み、昭和初期には鉄骨造のオフィスビルや鉄筋コンクリート（RC）造の集合住宅が本格的に建設されるようになる。さらにインターナショナルスタイルと共に乾式組立構造（トロッケン・モンタージュ・バウ）も紹介され、木造住宅のプレファブ化も試みられる。

—

建築生産の分化の始まり
——町場と野丁場、公共と民間

　非木造の導入は、日本の建築生産に一つの分化をもたらした。近代に入っても、大工を中心とした町場の木造の発展は続き、明治末期から昭和初期にかけてその技術水準は頂点に達する。その一方で、木造洋風建築に取り組んだ棟梁や鉄道敷設工事などに携わった請負師が、非木造の工事組織を専属化しながら、野丁場の元請業者として成長していく。

　さらに1889年の会計法制定は、非木造建築の工事契約に2つの流れを生み出すことになった。これ以降の公共工事は一般競争入札が原則となるが、非木造の技術導入を担ったのは官庁所属の設計者であった。そのため、公共工事には施主の直営工事という性格が強く残り、こうした土壌の中で設計と施工の分離を前提とした請負契約が整えられていく。一方、新技術を吸収した建設会社は、民間の非木造建築を特命で受注し始める。公共建築であれ民間建築であれ、用いる技術は共通である。しかし、民間の非木造建築では、むしろ設計と施工の一式請負が広く普及し、いわば木造建築と同様の方式で建物づくりが進められていくのである。

社会の動き		19世紀		建築関連	
明治改元	1868		1868	築地ホテル館	
銀座大火	1872		1872	富岡製糸場	
			1876	開智学校	
			1878	銀座煉瓦街	
			1883	鹿鳴館――[1]	
			1886	官庁集中計画	
			1889	会計法	

[1] 本格的な西洋建築の始まり

社会の動き				建築関連	
濃尾地震	1891				
日清戦争	1894		1894	三菱1号館	
			1895	司法省	
			1895	秀英舎印刷工場	
明治三陸地震	1896		1896	日本銀行本店	
日露戦争	1904	20世紀	1904	横浜正金銀行	
			1906	和田岬倉庫	
			1909	赤坂離宮	
			1911	帝国劇場	

[2] 日本の西洋建築の発達

社会の動き				建築関連	近代主義建築の流れ	
大正改元	1912					
			1913	所沢飛行場飛行船庫		
			1914	東京駅		
			1915	三越本店、豊多摩監獄		
			1919	市街地建築物法		
					1922	帝国ホテル
関東大震災	1923				1923	丸ノ内ビルヂング
					1925	東京中央電信局
昭和改元	1926				1927	同潤会青山アパート
満州事変	1931		1931	綿業会館		
白木屋火災	1932		1932	服部時計店		
昭和三陸地震	1933				1933	東京中央郵便局、岡田邸
室戸台風、函館大火	1934		1934	明治生命館――[2]		
			1935	そごう百貨店	1935	阿部邸
			1936	国会議事堂	1936	野々宮アパート
日中戦争	1937					
			1938	第一生命館		
太平洋戦争	1941				1941	岸記念体育会館
					1942	木製パネル式組立住宅
東南海地震	1944					
枕崎台風	1945		1945	戦災復興院の設置	1945	応急簡易住宅
南海地震	1946				1946	プレモス
			1948	建設省の設置		
朝鮮戦争	1950		1950	建築基準法		

日本経済と建築生産

建設業は日本の主要産業の一つです。
本章では、建築分野と土木分野の違いなどを
明らかにしながら、「建築生産の経済規模」や
「建築生産を担う業種」を確認していきます。
建築生産は、住宅分野と非住宅分野に
分けられますが、日本では40年以上にわたって
年間100万戸以上の新築住宅をつくり続けてきました。
こうした世界にも稀な「日本の住宅生産の特徴」に
ついても本章で解説します。

Chapter

建築生産の経済規模

01	建設業の規模	020
02	建設投資の構造	022
03	建築投資の変化	024
04	建設業の雇用規模	026

建築生産を担う業種

05	元請業者の種類	028
06	建築士と建設会社	030
07	建設業の許可業種	032
08	労働環境	034

日本の住宅生産の特徴

09	住宅市場の拡大と縮小	036
10	住宅市場の多様性	038
11	住宅産業構造の 転換に向けて	040

01 建設業の規模

建設業は裾野の広い産業

日本の建設業は、全産業のおよそ1割を占める規模を持ち、重要な経済基盤の一つである。

経済の規模を把握できる代表的な指標の一つに国内総生産（GDP）がある[表1]。現在、日本のGDPは500兆円を超え、米国、中国に次いで世界第3位の大きさを誇る。産業別に見ると、建設業の生産額はおよそ29兆円である[図1]。土地や建物の売買・賃貸などを担い建設業と関わりの強い不動産業は60兆円に及ぶ。さらに、製造業には工事に用いる建材や建築部品をつくるメーカー、サービス業には建物を設計する建築士などが含まれている。

このように建設工事には、製造業など他の産業で生み出される建設資材やサービスなどが用いられる。こうした中間投入部分を含めた合計価格を産出額（＝中間投入部分の生産額＋建設業の生産額）という。近年の建設業の産出額はおよそ64兆円（内閣府「国民経済計算」）で、産出額の約半分を中間投入部分が占めている。つまり、建設業は他産業と深く関連した広がりのある産業として成立している。

—

建設投資は日本経済のおよそ1割

建設業の経済規模を示すもう一つの指標として、建設工事に対する投資を示す建設投資額がある。

建設投資額の推移を見ると、80兆円を超えた1990年代前半を頂点に減少し、2000年代後半では最盛期の6割程度にまで減少した。対GDP比を見ると、70年代前半は約2割であったが、2000年代後半には1割を下回った[図2]。このように建設への投資は近年縮小傾向にある。

近年の建築物リフォーム・リニューアル投資額はおよそ11兆円（国土交通省「建設投資見通し」）で、建築の再生市場は存在感を増している。既存建物を上手に長く使い続けることが社会的にも求められる状況の中で、今後はリノベーションに対する投資が増え再生市場が成長していくことが期待されている。

表1｜建設業の経済規模を示す指標

指標	内容
国内総生産	一定期間に、一国内の生産活動によって新たに生み出された財・サービスの付加価値額の合計
産出額	最終生産物の総取引額と中間生産物の総取引額の合計
建設投資	有形固定資産のうち建物および土木構築物に対して投資をすること（建物および構築物の生産高）で、一般的には建設工事によって新たに固定資本ストックに付加される部分 ＊建設工事（建物または土木構築物の新設・改良・建替え・復旧・維持修繕のための工事）のうち、維持修繕工事は国民経済計算上、固定資本ストックの増分とはならないため投資とはみなされていない（ただし、公共事業の維持修繕を除く）

図1｜国内総生産と産業別生産額

図2｜国内総生産と建設投資額の推移

02 | 建設投資の構造

7つに区分できる建設投資

建設投資は、事業の主体別に政府と民間、事業の部門別に建築と土木に区別され、7つに細分化されている[表1]。

事業主体としての政府とは、国または地方自治体、公共団体などを指し、民間とは、民間企業や個人などを指す。

土木部門は河川や道路、港湾、空港、鉄道、上下水道、ガス、土地造成などが対象である。一方の建築部門の対象は建物の用途により、「住宅」と事務所、学校、店舗などの「非住宅」に区別される。

—

政府投資の目的の一つは失業者対策

建設投資は、バブル景気に沸いた90年代前半を頂点に減少している[図1]。民間投資が常に政府投資を上回っており、90年代前半の民間投資額は、2000年代後半の投資総額を上回るほど大きかった。ただし、90年代後半以降は、建設業で失業者を雇用して景気低迷の影響を緩和するという政策が継続した。つまり、政府が公共工事を増やした結果、政府投資の比率は高い水準を維持することになった。

—

土木は公共、建築は民間

2010年代前半の建設投資の内訳を見ると、民間投資が約6割(57%)を占める。部門別では建築投資の方がわずかに多い状況である[図2]。

一般に、土木は政府投資、建築は民間投資によって進められる。具体的には、建築は民間投資が9割、土木は政府投資が8割を占める。つまり、建築工事は民間企業や個人、土木工事は政府や地方自治体などが中心的な事業主体になる。

なお、建設投資の多くを占めるのは住宅への投資であり、そのほとんどを民間が担っている。こうした民間住宅は政府土木と同等の規模であり、その動向は、建設業の景気に大きな影響力を持っている。

表1 │ 建設投資の区分と内容

部門	主体	用途	事業	主な内容
建築	政府	住宅		国・地方自治体等による公団住宅と公営住宅の建設
		非住宅		国・地方自治体等による庁舎や体育館など公共施設の建設
	民間	住宅		個人や民間企業による住宅(賃貸・分譲・持家など)の建設
		非住宅		個人や民間企業による事務所ビルや商業施設、工場などの建設
土木	政府		公共事業	治山、治水、道路、港湾、漁港、空港、公園、下水道、林道などの建設
			その他	鉄道、公営電力・ガス、上水道、通信、土地造成などに関わる建設
	民間			鉄道、電力、私営ガス、民間土地造成などに関わる建設

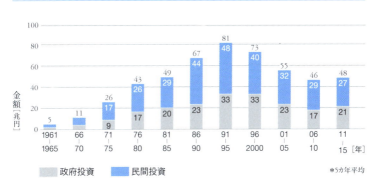

図1 │ 建設投資額の内訳の推移

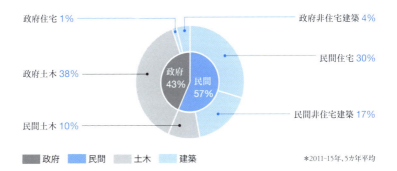

図2 │ 建設投資の内訳

03 建築投資の変化

建築投資のピークは1990年代前半

建築投資は、建設投資全体と同様に、1990年代前半に最盛期を迎え、以降縮小する傾向にある。近年の規模は25兆円で、GNPの約5%にあたる[**図1**]。

建築投資の推移を見ると、90年代前半まで急速に増大し続け、およそ46兆円に達した。特に高度経済成長期の50年代後半から70年代前半にかけて飛躍的に成長した。60年代前半以降も投資額が5倍以上になるほどであった。つまり、この時期には、政府と民間の投資が共に拡大しながら、建築市場の成長をけん引した。

73年のオイルショックによって景気が低迷した70年代後半も建築投資額は増え続け、バブル景気を迎えた80年代後半から90年代前半にかけて再び急増した。この期間は、投機的な不動産投資が増大したことで知られており、建築市場は高度経済成長期を上回る活況を呈した。

―

住宅投資は民間主体

住宅投資は、建築投資の約6割を占めており、ほとんどを民間が担っている。これは戦後、国策として住宅不足の解消のために持家政策が推し進められたためである。実際、建設省(現・国土交通省)が66年から8期40年間進めた**住宅建設五箇年計画**に後押しされ、わが国の新築市場は拡大し、それと共に住宅供給を担う住宅メーカーや工務店といった民間企業が成長を遂げた。

こうした持家政策を支えたのが、50年設立の**住宅金融公庫**(現・住宅金融支援機構)が行った住宅融資である。公庫融資と通称されるこの融資は、70年代後半に急増し、これ以降は持家住宅と分譲住宅の5割前後がこの融資を得て建設されていった[**図2**]。

なお、木造住宅が公庫融資を受けるためには、住宅金融公庫の木造住宅共通仕様書や枠組壁工法住宅工事共通仕様書に定められた技術基準を満たす必要があった。そのため、公庫融資制度はその技術基準の改定を通して、木造住宅の質的向上を誘導する役割を果たすことにもなった。

図1 | 建築投資の推移

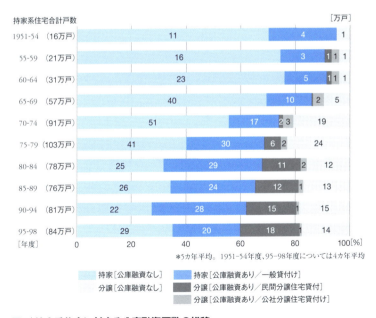

図2 | 持家系住宅に対する公庫融資戸数の推移

04 | 建設業の雇用規模

建設業で働く人は全産業の1割

建設業就業者数は、1970年代から全産業の1割前後を占めており、建設業は日本国内の雇用にも大きな影響力を持っている。

実際、建設業の就業者数は、20世紀後半にかけて増え続けた。およそ50年間で3倍近くになり、90年代後半には650万人を上回り、頂点を迎えたのである。この期間は建設投資が増大しており、建設業が雇用の大きな受皿となった。しかし、建設業の就業者数の減少と共に、全産業に占める建設業就業者数の比率は低下する傾向にある[図1]。

深刻化する現場の担い手の減少

建設業にたずさわる職種は現場作業、営業、事務など多岐にわたるが、近年すべての職種において就業者が減少している。中でも現場作業を担う技能工・建設作業者の減少が著しく、97年から約20年の間に約130万人減った[図2]。技能工・建設作業者が減少すると、こなせる工事量が縮小

する。そのため、今後の社会に求められる、改修や維持保全といった仕事に対し、十分に対応できなくなる可能性がある。

担い手の高齢化と入職者確保

年齢別に見ると、建設業の就業者の減少は特に15歳以上34歳以下で著しく、約20年間でおよそ110万人減少して、その数は半減している。つまり、全産業と比べて、若い世代の就業者数の占める比率が低くなっており、建設業は入職者の確保に苦しんでいる[図3]。

90年代後半まで雇用の場としても存在感を示してきた建設業であるが、近年はこのように就業者数の減少と高齢化が目立ち始めている。国内の人口減少を踏まえて海外からの労働力の確保も検討されているが、本質的には建設業における労働環境の改善が不可欠である。技能工の入職者を維持するためにも、今後は技能水準の客観的評価に基づいた処遇の改善などに取り組むことが重要である。

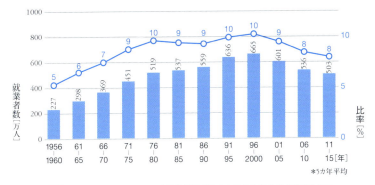

図1 建設業就業者数の推移

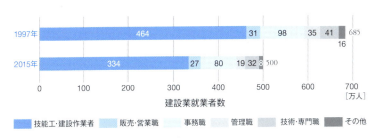

図2 職種別に見た建設業就業者数の変化

図3 年齢別に見た建設業就業者数の変化

05 | 元請業者の種類

元請業者と下請業者の関係

建設工事の請負契約の関係に着目すると、建設業者は元請業者と下請業者に分けられる[図1]。建設業では、企業や個人など建設工事を注文する主体のことを発注者や施主と呼ぶが、こうした発注者(施主)と元請契約を結ぶ主体を元請業者と呼ぶ。

建設工事の完成には、多岐にわたる技術・技能が必要であり、現場の各種工事はそれぞれの専門工事業者が施工する。元請業者は適切な専門工事業者に発注し、請負契約を結ぶ。これを下請契約と言い、下請契約を結ぶ主体を下請業者と呼ぶ。建設業では、下請業者が別の専門工事業者と請負契約を結ぶことも頻繁であり、契約上の階層に応じて、下請業者は「一次下請」「二次下請」というように呼ばれる。

なお、建設業では元請業者を「元請」や「ゼネコン」、下請業者を「下請」や「サブコン」と略称することも一般的である。

建設業における元請業者の種類

元請業者は、それぞれに得意とする工事がある。道路や橋梁などの土木工事では、国や地方公共団体などの公的機関から工事一式を直接請け負う建設会社が元請業者となることが一般的である。同様に、オフィスビルなどの非住宅や大規模なマンションの建築工事でも建設会社が元請業者になる。なお、建設会社には全国で営業する大手建設会社から地方を事業エリアとする中小建設会社まである。

戸建住宅の場合、個人や企業が発注者となり、全国でプレハブ住宅などを供給する住宅メーカーや、地域に密着して木造住宅を供給する工務店などが元請業者となる[図2]。住宅メーカーの中には、ショッピングセンターなどの商業施設の建設工事を請け負う会社も存在しており、近年その業務領域は拡大傾向にある。

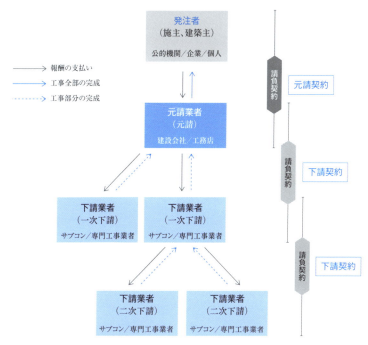

図1 建設業における請負契約関係

図2 元請業者と目的物の種類

06 建築士と建設会社

建築士とその登録者数の現状

日本の建築士は建築物の設計や工事監理などを行う技術者であり、設計・工事監理できる建築物の違いから一級建築士、二級建築士および木造建築士の3種類に区別されている。

これらは1950年に制定された建築士法によって定められた国家資格である。登録者数によれば、一級建築士の数は現在およそ36万人である。木造建築士は2万人を下回るが、二級建築士は75万人を上回る[図1]。こうした日本の建築士の数は国際的に見れば多いといわれている。なお、木造・非木造にかかわらず中規模程度の建築物であれば、二級建築士の資格で実務を行うことが可能であり、登録者数の多さからもこの資格のニーズの高さがうかがえる[図2]。

―

建設業の許可と許可業者数の推移

建設工事の完成を請け負う営業を行う者を建設会社と呼ぶ。49年に制定された建設業法により、建設会社は建設業の許可を受ける必要がある。同法の施行時から71年3月までは登録をすれば営業できたが、同年4月からは許可を得なければならなくなった。許可の有効期間は5年間である。

建設業の許可業者の推移を見ると、その総数は、60年代から70年代にかけて急増したことがわかる。その後、90年代後半にピークを迎え60万業者に近づいたが、これ以降は減少傾向にある[図3]。

建設業の許可は、事業エリアの広がりに応じて大臣許可と知事許可に分かれる。大臣許可を受けて数県に営業所を設置している建設会社は全体のおよそ2%、約1万社である。大臣許可を受けるような建設会社の中には全国展開して年間売上高が1兆円を超える大手5社が含まれており、それらはスーパーゼネコンと呼ばれる。

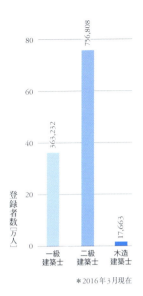

図1 建築士の登録者数

*2016年3月現在

図2 二級建築士が設計監理可能な中規模木造建築事例

花巻市立東和図書館 設計：木村設計A・T、2006年、岩手県花巻市｜岩手県中部に位置する東和町（現・花巻市）が2005年に地場産材を用いて建設した、木造平屋建ての図書館（延べ面積772.59m²）である。このような平屋建ての木造建物は、特定の用途を除けば、二級建築士も延べ面積に制限なく設計・工事監理できる

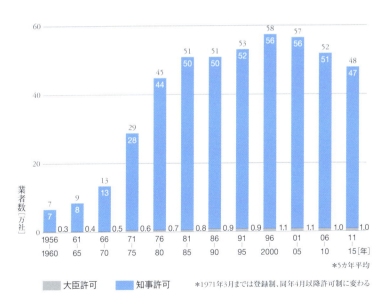

大臣許可　　知事許可　　*1971年3月までは登録制、同年4月以降許可制に変わる

*5カ年平均

図3 建設業の許可業者数の推移

07 建設業の許可業種

建設業には許可が必要

建設業の許可の内容は、建設業法で定められており、工事業種で分かれている。また、事業エリアの広がりによって許可権者が異なり、営業所を一つの都道府県のみに設置する場合には知事の許可、複数の都道府県に設置する場合には国土交通大臣の許可を受ける必要がある。

なお、規模の大きな元請工事を請け負う場合には、建設会社は特定建設業者の許可が必要になる。具体的には下請工事の合計金額によって決まり、建築一式工事では6,000万円以上、建築一式工事以外では4,000万円以上になるとこうした許可が必要になる[P.73]。

―

建設業の許可業種は29業種

工事の許可業種は、土木工事業と建築工事業という2種類の**一式工事業**と、27種類の専門工事業に分かれ、合わせて29種類に分類されている[**表1**]。

専門工事業は、大工工事業、左官工事業、電気工事業のように、土木構築物や建物の部分を完成させる工事を担当し、許可業者数は延べ119万である。2016年度には、解体工事の増加や環境配慮の必要などを理由に43年ぶりに解体工事業という新しい業種が追加された。

一方、一式工事業は、専門工事を統括して土木構築物や建物を建設する。一式工事を行う会社は**総合工事業者**と呼ばれ、土木工事業か建築工事業の許可を受けている。現在の登録者数は、前者は約13万業者、後者は約15万業者である。

建築工事では、総合工事業者が元請業者、専門工事業者が下請業者になる。そのため、前者をゼネコン、後者をサブコンと捉えることも一般的である。なお、大手建設会社はもっぱら設備工事業者をサブコンと呼ぶことも多い。

表1 | 建設業法による許可業種と工事の内容

* 2017年3月現在

許可業種	主な工事の内容	業者数
[一式工事]		
土木工事業	総合的な企画、指導、調整のもとで土木構築物を建設	130,932
建築工事業	総合的な企画、指導、調整のもとで建築物を建設	154,808
[専門工事]		
大工工事業	木材の加工や取付け	69,818
左官工事業	壁土・モルタル・漆くい等のこて塗りや吹付けなど	22,600
とび・土工工事業	足場・鉄骨等の組立て、重量物の運搬配置、コンクリート打設、杭打ち、土砂の掘削など	163,849
石工事業	石材の加工や積方による工作物の築造	63,368
屋根工事業	瓦・スレート・金属薄板等による屋根葺き	42,825
電気工事業	発電設備・変電設備・送配電設備・構内電気設備等の設置	57,984
管工事業	冷暖房・給排水等の設備、管を使用した水・ガス等の送配設備の設置	83,968
タイル・煉瓦・ブロック工事業	煉瓦・コンクリートブロック・タイルの取付け	40,790
鋼構造物工事業	形鋼・鋼板等の鋼材の加工や組立て	75,360
鉄筋工事業	棒鋼等の鋼材の加工、接合や組立てなど	17,621
ほ装工事業	アスファルト・コンクリート・砂利等による道路等の地盤面のほ装	89,634
しゅんせつ工事業	河川・港湾等の水底のしゅんせつ	46,634
板金工事業	金属薄板等の加工や取付け	22,804
ガラス工事業	ガラスの加工や取付け	17,820
塗装工事業	塗料・塗材等の吹付け、塗付け	56,565
防水工事業	アスファルト・モルタル・シーリング材等による防水処理	29,941
内装仕上工事業	木材・石こうボード・壁紙、たたみ・カーペット等を用いた内装仕上げ	73,072
機械器具設置工事業	機械器具の組立てや取付け	21,220
熱絶縁工事業	設備などの熱絶縁処理	16,223
電気通信工事業	放送機械設備・データ通信設備等を含む電気通信設備の設置	14,243
造園工事業	整地・樹木の植栽、景石の据え付けなど	25,938
さく井工事業	さく孔・さく井やこれらの工事に伴う揚水設備の設置など	2,476
建具工事業	木製・金属製建具等の取付け	26,986
水道施設工事業	取水・浄水・配水などの施設の築造や下水処理設備の設置	82,148
消防施設工事業	火災警報設備・消火設備・避難設備・消火活動に必要な設備の設置	14,993
清掃施設工事業	し尿処理施設・ごみ処理施設の設置	458
解体工事業	土木構築物や建物のなどの解体	13,798

08 労働環境

建設業は長時間労働

　全産業と比べると、建設業の現場作業を担う技能工の働く時間は1割程度長く、労働の対価はおよそ25%程度少ない。

　労働時間を見ると、1970年代前半に2,300時間あった建設業の年間総労働時間は、2000年代前半には2,000時間程度まで下がった。このような推移の背景には、80年代後半から週休2日制の採用が増加したことなどがある。しかし、2000年代後半からはわずかに増えており、全産業とのギャップは1割を超えるまで広がった[図1]。

―

建設業は低賃金

　建設業の現場作業を担う男性生産労働者の平均的な賃金を見ると、80年代後半から90年代前半にかけて100万円程度増加した。90年代後半には約430万円になったが、これ以降はわずかに減る傾向にある。

　こうした建設業の賃金を全産業と比べると、常に75%程度にとどまってきたことがわかる。つまり、建設業の労働者は、他の産業に比べて少ない賃金で長く働いており、その労働環境は厳しい。

―

労働環境の改善の必要性

　就業者数が減っている建設業では、賃金の低さや労働時間の長さだけでなく、社会保険加入率の低さといった課題もある。魅力ある業界にするためにも、工事現場の労働環境の改善は、人材育成や定着の面からも極めて重要である。

　2015年、厚生労働省と国土交通省は連携して「建設業の人材確保・育成策」を取りまとめ、適正な賃金確保や雇用管理、地域内での人材育成などを促すさまざまな対策を開始した[図2]。政府が働き方改革を進めるなど、日本人の働き方も大きく変わり始めている。建設業においても「けんせつ小町」の活動などが現れており、働く環境の根本的な見直しが今まさに求められている。

図1 | 建設業年間賃金総支給額と年間労働時間の推移

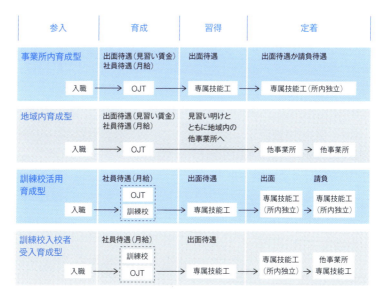

図2 | 技能者の育成・定着のパターン

*1998年に示されたもの

09 住宅市場の拡大と縮小

新築市場は拡大から縮小へ

新設住宅着工戸数の推移が示すように、わが国の住宅市場は、戦後、経済成長に支えられながら約420万戸の住宅不足の解消を目指して、新築市場が急拡大した［図1］。しかし、2008年のリーマン・ショックの影響から、2009年度の新設住宅着工戸数は100万戸を下回った。これは1966年度以来のことであり、実に41年間、100万戸を超える住宅が毎年供給されていた。

構造に着目すると、木造が主流であった日本の住宅は、戦後に不燃化の取り組みが本格化した。公営住宅建設を契機に鉄筋コンクリート(RC)造の集合住宅が本格化したり、プレハブ住宅の台頭により鉄骨造住宅建設も進むなど、次第に非木造の住宅が増えていった［図2］。

50年頃より、RC造による分譲集合住宅、いわゆるマンションの供給は始まっていたが、これはあくまで高所得者層向けの住宅であり、その供給数は少なかった。60年代後半から住宅購入の需要が大きい中所得者層向けのマンションが各地で供給され始めると、70年代にはその建設ブームが発生し、マンションによる住宅供給が広く普及した。

90年代以降、新築市場は縮小傾向にある。人口減少、不透明な景気、住宅ストックの余剰といった状況の中、投資対象としての分譲集合住宅なども、持家と同様に中長期的に減少していくと考えられている。

住宅の再生市場の拡大への期待

これから成長が期待される市場に、既存住宅のリフォーム・リノベーションに関する再生市場がある。直近の再生市場は5.8兆円程度の規模である。そのうち増改築工事は0.5兆円程度であり［図3］、耐震改修などの工事は増改築工事に含まれている。しかし、こうした大がかりな改修工事の市場規模は、約20兆円の新築市場と比較すると1／40程度であり、まだまだ小さい。ストック活用が社会的に求められるようになった今日、再生市場が拡大していくことに大きな期待が寄せられている。

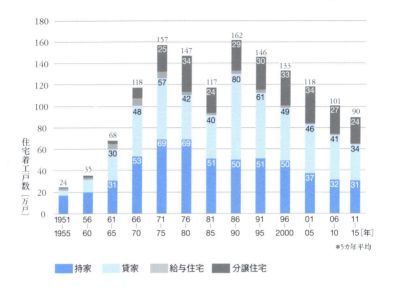

図1｜新設住宅着工戸数の推移

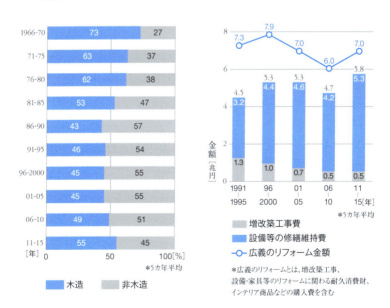

図2｜構造別新設住宅着工比率

図3｜住宅の再生市場規模の推移

10 | 住宅市場の多様性

住宅生産気象図

日本の住宅生産は、実に多様である。その様子を示したのが、**図1の住宅生産気象図**である。この図は長方形の面積が1年間の新設住宅着工戸数を示し、構造（木造と非木造）と建て方（戸建て・長屋建てと共同建て）の内訳で縦軸を、構法で横軸を分割している。さらに内側に主な生産主体を描くことにより、新築市場の様子を視覚的に一括して理解できる。

例えば、1963年当時は新築住宅のほとんどが木造であったため大工・工務店が主要な生産主体であったこと、加えて公営・公団住宅がすでに1割程度を占めていたことが読み取れる。

―

新築市場の2つのピーク

70年代の高度経済成長期終盤と90年代のバブル景気の時期に新築市場は最盛期を迎えた。73年の新築市場はマンションなどの非木造共同住宅の建設が増え、190万戸を超えるまでに広がった。経済成長と住宅不足の後押しにより新築市場が成長していく過程で、ゼネコンや公営・公団、プレハブメーカーが大きく躍進していった。

96年の新築市場は、バブル崩壊後であっても他産業に比べて堅調であり、消費税率引き上げ前の駆け込み需要もあって160万戸に再び到達した。70年代のマンションブームで成長したマンション分譲業者等が存在感を示すなど、多様な生産主体が棲み分けている様子が読み取れる。

―

これからの住宅生産

90年代以降の長い景気低迷に追い打ちをかけた2008年のリーマン・ショックによって、新築市場は低迷し、2009年は100万戸を下回った。73年と比べると、宅地・住宅団地を開発する公営・公団の役割も小さくなっている。

今後も新築市場の縮小が予定されている。これまでに培ってきたさまざまな技術やノウハウを住宅ストック活用や住環境改善などに展開し、新築以外の市場を開拓することが新たな課題として浮上している。

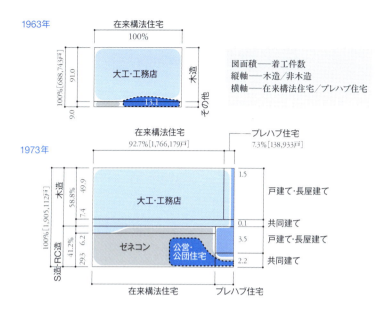

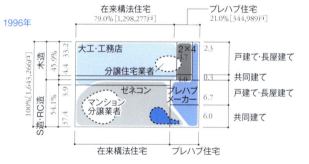

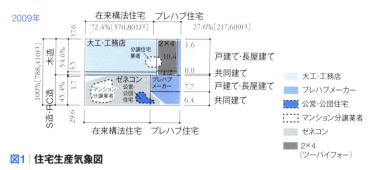

図1｜住宅生産気象図

11 | 住宅産業構造の転換に向けて

国際的に低い水準にあるストック市場

住宅市場は、端的に言えば、新築市場、ストックを扱うリフォーム・リノベーションなどの**再生市場**と既存住宅の売買などの**流通市場**に分けられる。日本は他の先進諸国と比較すると、新築市場が大きく、**ストック市場**（再生市場と流通市場）は小さい。

住宅全体への投資に占める再生投資の割合は日本では3割程度である［P.149］。ドイツでは7割を超え、フランスと英国ではともに5割を超えており、他の先進国と比べると、日本の再生投資は低い水準にある。

既存住宅流通戸数は、2000年以降年間16万戸程度であるが［図1］、年間約100万戸の新築市場と比べると小さい。70年代や80年代の実績と比べても分かるように、流通市場の規模が近年大きく成長しているわけではない。そこで、既存住宅性能表示制度や既存住宅売買向けの瑕疵担保保険、融資・税制優遇の支援制度などが次々につくられ、流通を促す試みが始められている。

成長が期待されるストック市場

千人当たりの新設住宅着工戸数と既存住宅流通戸数を見ると、日本は新設着工が8戸、既存流通は1戸である［図2］。つまり他の先進国と比べて既存住宅の年間流通戸数が少なく、米国、英国、フランスの1／10に満たない。このように既存住宅の取引を人口当たりで見ても日本は低い水準にあり、新築に重点を置いた住宅市場であることが一目瞭然である。

もっとも、この状況は日本のストック市場が他の先進諸国と同等程度まで成長する余地が残されていると捉えることもできる。

ストック市場の成長には、既存住宅に対する消費者の意識変化や既存住宅取引における情報の非対称性の解決が重要である。このような課題を着実に解決していくことで、日本の住宅市場の中心が新築からストック活用へと移行し、日本の住宅産業に構造転換をもたらすことにもなると考えられる。

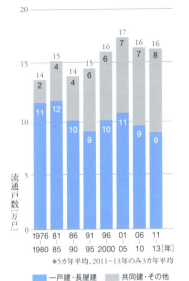

図1 既存住宅流通戸数の推移

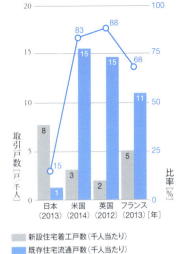

図2 新設住宅着工戸数と既存住宅流通取引戸数の国際比較

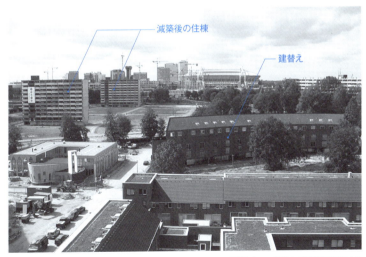

1960−70年代にアムステルダム郊外に建設されたベルマミーア団地は、80年代に空き家増加による荒廃が深刻化した。92年以降、再生事業が進められ、団地の環境が改善されている [P.151]

図3 海外における大規模住宅団地の再生事例

建築生産の社会的分業

建築生産の今日的分業は、20世紀後半の
工業化の取り組みがもたらしたものです。
本章では、建築生産を刷新した
「建築工事の機械化・工業化、情報化」や
「戦後の住宅大量建設のインパクト」を
確認したうえで、オイルショックを契機として
「住宅生産が転換」していく様子を見ていきます。
幅広い社会的分業が成り立つには
「建築生産を支える法規・規格・約款」が
欠かせませんが、さらに日本の伝統社会に
由来する「建築生産の重層性」も本章で取り上げます。

Chapter

建築工事の機械化・工業化、情報化

01 | 建築工事の機械化　　　　　　　044

02 | 建築部材の工場生産　　　　　　046

03 | オープンシステムと建築部品　　048

04 | 建築生産の情報化　　　　　　　050

戦後の住宅大量建設のインパクト

05 | 住宅不足と住宅政策　　　　　　052

06 | 集合住宅の工業化　　　　　　　054

07 | 戸建住宅の工業化　　　　　　　056

08 | 工務店の誕生　　　　　　　　　058

住宅生産の転換

09 | 木造住宅の近代化　　　　　　　060

10 | プレカット産業の発展　　　　　062

11 | 地域ビルダーの成長　　　　　　064

12 | 工業化構法の在来化　　　　　　066

13 | 建築部品の多品種化　　　　　　068

建築生産を支える法規・規格・約款

14 | 建築業務の分節　　　　　　　　070

15 | 建築業務を規定する法規　　　　072

16 | 技術基準　　　　　　　　　　　074

17 | 契約　　　　　　　　　　　　　076

建築生産の重層性

18 | 技術基盤としての
　　 専門工事業　　　　　　　　　078

19 | 工事組織の階層構造　　　　　　080

20 | 重層下請と工事技術　　　　　　082

01 建築工事の機械化

建築工事に用いられる主な建設機械

建築工事に用いる主な建設機械は、**図1**に示す4種類になる。どれも土工事や躯体工事に関連しており、土木工事と兼用である。1990年代に入る頃から、内部工事用機械もロボットという呼び名で試行され始め、超高層ビルの重量建材の取付作業に定着した。ただし、こうした内部工事用機械は必ずしも広まっていない。

日本にディーゼルエンジンの建設機械が導入され始めたのは50年代中頃である。例えば、**タワークレーン**による建築工事が日本で初めて行われたのが53年と言われており、この時には元請業者が20t·m（定格荷重×作業半径）級の機種をドイツから輸入した。このように当初は大手建設会社が建設機械を保有していたが、60年代に入って国産化が進むと、その保有者は専門工事業者へと移行していった。

なお、タワークレーンによる建方工事が本格化したのは63年の容積率制限の導入以降である。高層化に伴ってクレーンの大型化も進み、現在の超高層ビルでは400t·m級の機種が広く用いられている。

自動化施工の取り組み

建築工事の機械化には**自動化施工**と呼ばれる取り組みがある。**図2**が示すように、基本的には、建方工事の階に走行クレーン付き屋根を設置し、こうした組立プラントを順次リフトアップしていく。自動化施工は組立プラントの構成によって**表1**のように分類できる。組立プラントに建物の躯体部材を活用すると、仮設費を抑制できる一方で、部材の取り付け順序やリフトアップのタイミングに工夫が必要になる。

自動化施工の構想は80年代に始まった。90年代から実施建設が行われるようになり、ABCS工法やBIG CANOPYなどは継続的な取り組みがなされている。しかし、タワークレーンを用いた通常の施工方式に比べて工事費がかさむため、その後の進展が見られない工法の方が多い。

左=タワークレーン。起伏機能を持つ建設用クレーンの国産化は1960年(建方工事)｜中=移動式クレーンのアタッチメント(アースオーガー)。61年にアースドリルのアタッチメントが国産化(杭工事)｜右上=パワーショベル。国産化は61年(土工事)｜右下=コンクリートポンプ車。量産型が65年に登場(コンクリート工事)

図1 | 建築工事に用いられる主な建設機械

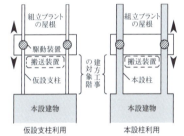

組立プラントのリフトアップ方式　　　　組立プラントの例(ABCS工法)

図2 | 自動化施工のための組立プラント

表1 | 自動化施工の工法の例

		組立プラントの屋根		
		本設躯体(最上階の柱梁等)	併用	仮設屋根
組立プラントの支柱	本設柱	ルーフプッシュアップ工法 MCCS工法	T-UP工法	—
	併用	ABCS工法 あかつき21	—	—
	仮設支柱	スマートシステム AMURAD工法	—	BIG CANOPY FACES工法

02 | 建築部材の工場生産

工場生産される建築部材の例

工場の機械設備によって大量生産される建築材料（建材）は、**新建材**や**建築部品**と呼ばれる［**図1**］。新建材の代表は石こうボードや合板である。建材の工場生産が本格化した1960年代初め頃には、こうした新建材が次々に登場した。

一方、建築部品は部位ごとに工場生産されたものである。開口部のアルミサッシや外壁のALC版のような単一材料の建築部品は工場での製作が比較的容易であり、新建材と同時期に現れた。しかし内装は複数の材料が取り合っており、部品として工場生産するには関連作業の整理が必要になる。さらに、設備が関係する水回りでは、複数の法規に対する整合性も求められる。そのため、浴室ユニットのような大型部品の民間開発はなかなか進まず、70年代前半の行政的な後押しによって本格化していった。

このように建築部材の工場生産は、材料や製作方法の代替が容易な部分から進んだが、90年代に入ると、伝統的な大工技能によってつくられてきた木造住宅の軸組部材も、プレカット工場での製作が急速に進むことになった。

新建材や建築部品がもたらす効果

自然原料の建材に比べ、人工原料の新建材は大判であることが多い。そのため、新建材を用いると現場の加工・組立作業が減少し、建築部品を用いれば、加工作業はほとんど不要になる。住宅不足の解消が社会的課題であった70年代まで、こうした生産性向上を期待して建築部材の工場生産が推進されていった。

もちろん、新建材などを用いても現場労務費が減少するとは限らない。しかし、第一期住宅建設五箇年計画（66-70年）の見通しには［**図2**］、そうした効果が大々的に見込まれた。つまり、新建材や建築部品を多用すると、現場労務費は伝統的な木造住宅の2／3から1／2になり、さらにプレハブ住宅では1／3にまで減少するという想定がなされたのである。

石こうボード（壁や天井下地）1961年頃から国内での利用が急増した

構造用合板（木造の床下地）90年代中頃から針葉樹を原料とした製品が本格化

アルミサッシ 65年に住宅用引き違いアルミサッシの規格品が登場

置床（集合住宅の床下地）公団住宅での採用を契機として90年代に普及

ALC版（鉄骨造の外壁など）62年にヨーロッパから国内に技術導入された

浴室ユニット（住宅の浴室）75年からBL部品の認定が開始された

図1｜工場生産される建築部材の例

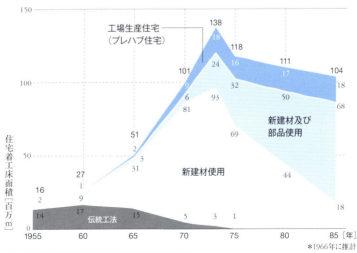

図2｜新建材や建築部品の普及に関する見通し

03 | オープンシステムと建築部品

オープンシステムに基づく生産社会

今日では、アルミサッシや浴室ユニットなどのさまざまな建築部品が、個々の建築設計に先立って工業生産されている。こうした建築生産の社会的分業を**オープンシステム**と呼ぶ。

図1が示すように、オープンシステムに基づく設計では、建築部品は市場を介して部品メーカーから設計者へと流れていく。その背後には、行政によって定められた規格などが存在する。今日では当たり前の分業の仕組みであるが、1960年代にはその実現が建築生産近代化の大きな課題と認識されることになった。つまり、工業技術という見込大量生産方式を建築という個別受注生産に擦り合わせる戦略が必要と考えられ、オープンシステムという呼び方で展開されていった。

オープンシステムの源流と日本における進展

オープンシステムという考え方には、2つの源流がある。その1つが**イームズ邸**である。市販部品のパッチワークとも呼ぶべきこの住宅は、特に設計者の関心を集め、工業化の推進と共に設計方式を刷新するという着想の源泉になっていく。もう1つは工業化構法（PCa版）に関するフランスの取り組みである。実際、民間開発技術を制度的に後押しするというその手法は、日本の建築行政に大きな影響を与えることになった[**表1**]。

日本では、**規格構成材方式**という取り組みがオープンシステムの先駆になった。この方式は日本の行政的な動きが本格化する直前に提唱され、その実践を通して、材料を代替しただけの市販部品が建物の構成要素として十分でないことを明らかにしていった。70年代に入ると公的プロジェクトによって、浴室ユニットなどの大型部品の開発が推進されていく。規格構成材方式は、工業技術利用に向けた建築設計方式の提案であると同時に、そうした建築生産上の課題を先取りする問題提起でもあった。

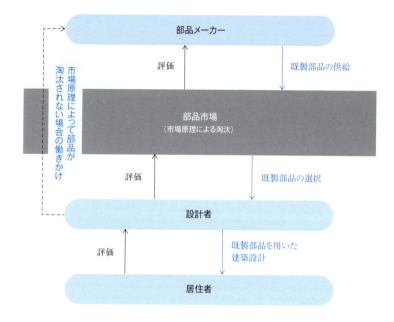

1960年代後半に提唱された規格構成材方式の中で、既製部品を用いた建築設計が健全に機能するための条件として、部品規格のあり方と市場原理によって部品が淘汰されない場合の働きかけの必要性が検討された

図1 | オープンシステムに基づく生産社会の模式図

表1 | 日本のオープンシステムの展開に関連する主要な出来事

時期	項目（関連主体）	摘要
1949年	イームズ邸（チャールズ＆レイ・イームズ）	設計方式の先駆
1960年代	工業化構法のカタログオーダー方式の模索 （フランスのPCa業界）	産業政策の先駆
1965年	規格構成材方式の提唱（剣持昤）	研究の先駆
1969年−	日仏建築工業化会議（建設省）	行政的取り組みの先駆
1970年	住宅用設備ユニット試作競技 （日本建築センター）	部品開発に関する 公的プロジェクトの先駆
1974年−	BL部品認定制度 （住宅部品開発センター）	優良な部品開発を 促進するための制度

04 建築生産の情報化

建築生産とコンピューター利用

コンピューターを中心とする情報・通信技術の利用を情報化と呼ぶ。建築生産の情報化は、構造・設備・積算分野の支援を目的として、1960年代に大手建設会社や大手設計事務所が大型コンピューターを導入したことから始まった[表1]。

意匠設計の情報化が実質的に始まったのは80年代後半である。当時のCADにはエンジニアリングワークステーションが必要であり、導入できるのは大手建設会社などに限定されていた。しかし、パソコンで利用できる無料の2次元CADも登場し、90年代後半には多くの建築関係者がCAD図面を作成するようになる。

3次元CADを用いた生産設計

建築生産はさまざまな主体によって分業されており、建物規模が大きくなるほど業務は細分化する。そのため日本の非木造建築では、総合図と呼ばれる図面を元請業者が作成し、各種施工図の整合性を確認している。

つまり、設計者が作成した設計図書の内容はそのまま実現されるのではなく、工事のやりようを考慮しながら最終的な建物のありようが確定していく。このように建築生産では、製造業でいう生産設計が施工計画の一部として実施されているが、欧米では3次元CADを用いた生産設計が90年代終わり頃から行われるようになった。

こうしたBIM（Building Information Modeling）と呼ばれる取り組みが、日本に本格的に紹介されたのが2009年頃である。日本でも80年代後半から同様の試みが始まっていたが[図1]、電子データによる建築生産情報の統合に力点が置かれたこともあり、個々の建築プロジェクトに対する利点が明確にならなかった。一方、BIMは3次元CADの実務利用に由来する。そのため、多くの建築関係者の関心を集めることになり、竣工した建物の保守・管理分野などへの適用も期待され始めている。

表1｜日本の建築生産における情報・通信技術利用の進展

時期	主な動向
1960年代	大型コンピューターを用いたエンジニアリング領域の拡大
1970年代	大型コンピューターの商用サービスの開始（1973年）
1980年代	エンジニアリングワークステーションを用いたCADの実用化
1990年代	パソコンを用いた2次元CADの普及
2000年代	公共工事の受発注業務のペーパーレス化に向けた取り組み（CALS/EC[*1]アクションプログラム〈97～02年〉）
2010年代	3次元CADを利用した建物情報モデリング（BIM[*2]）に対する関心の高まり

[*1] Continuous Acquisition and Life-cycle Support/Electronic Commerce の略称
[*2] Building Information Modeling や Building Information Model の略称

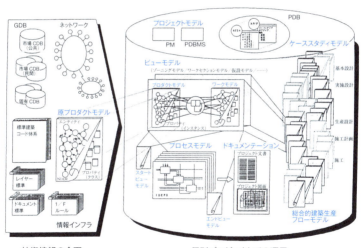

*1990～94年前後に示されたもの

この模式図では、建物情報モデル（原プロダクトモデル）がプロダクトモデル（建物のありよう）とワークモデル（工事のやりよう）に分けて運用される様子を示している。基本設計から施工に至る間に生産情報に関する属性の値が確定され、各段階で必要な文書（ドキュメント）が出力されていく

図1｜建築生産情報の統合化の模式図（新施工総プロ）

05 住宅不足と住宅政策

戦後の住宅不足と住宅政策の3本柱

　第二次世界大戦後、国内の住宅不足は420万戸に及んだ。政府の対応が応急簡易住宅の建設から本格的な住宅供給の体制づくりにシフトしたのは、1950年代に入ってからのことである。そこでは、国民の所得階層ごとに異なるアプローチがとられた。

　まず50年、民間による自力建設を促すため、住宅の建築主や購入者に長期・固定・低利の資金融資を行う**住宅金融公庫**（現・住宅金融支援機構）が設立された。この公的機関は、民間による住宅ローンが未発達だった当時、持家取得を推進するとともに、独自の技術基準を通して住宅の質を向上させることに貢献した。

　そして翌51年には、地方公共団体が国の助成を受けて低家賃の賃貸住宅を直接供給する**公営住宅**の制度が創設された。

　さらに55年、**日本住宅公団**（現・都市再生機構）が設立され、住宅不足の著しい都市部の中堅勤労者向けに住宅建設や宅地開発を進めた。

住宅建設計画法から住生活基本法へ

　これら「公庫」「公営」「公団」という住宅政策の3本柱が整備された後も、都市部への人口集中や核家族化は進み、深刻な住宅不足は続いた。そこで策定されたのが、**住宅建設計画法**（66年）とそれに基づく**住宅建設五箇年計画**である［**図1**］。ここでは、5年間に達成すべき居住水準や建設戸数、国・地方公共団体の施策など、住宅建設の目標が定められた。

　当初の目標は「一世帯一住宅」や「一人一室」の実現など量の確保を目指すものだったが、73年に全都道府県で住宅総数が総世帯数を上回ると、質の向上や市場・ストック重視などにテーマが移っていく。

　この法律は2006年に廃止され、健全な住宅市場の環境整備や居住環境を含むストックの質の向上を図る**住生活基本法**が代わりに施行された。420万戸の不足からスタートした戦後日本の住宅政策だが、今日差し迫るのは820万戸もの空き家である。住宅政策は新しい局面を迎えている。

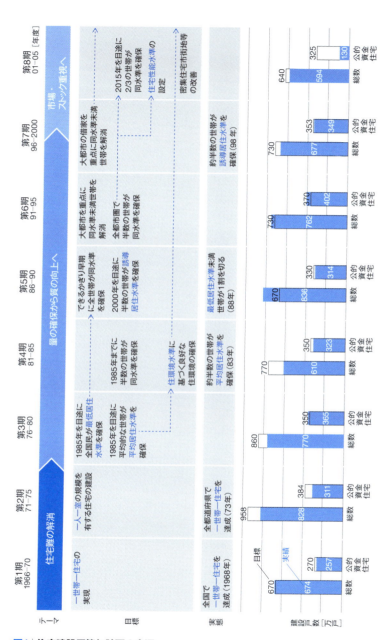

図1 住宅建設五箇年計画の変遷

06 集合住宅の工業化

マスハウジングとPCa

　戦後の住宅不足を克服するため、世界各地で集合住宅の大量建設が進んだ。いわゆる**マスハウジング**の時代である。当時ヨーロッパでは、手間と時間のかかる従来の煉瓦造（れんが）に代わり、大判の**プレキャストコンクリート（PCa）版**を用いた団地の建設が推し進められた［**図1**］。

　この量産技術は、日本にも大きな影響を与えた。そして、その普及の過程には公的主体の主導による数々の試みがあった。例えば、①現場で水平打ちした大判コンクリートパネルをクレーンで建て起こす**ティルトアップ工法**（公団の低層テラスハウス向けに1958年から導入）、②部材・部品の標準化によりパネルの製造・施工市場をオープンにした低層の**量産公営住宅**［**図2**］、③公団・公営等の中層集合住宅の標準化（パネルの形状・寸法・ジョイント部から住戸平面まで）をいっそう進めた**SPH**（70年-）、④PCa版とH形鋼の柱の組み合わせにより高層化を図った**HPC構法**（70年-）などは、その代表的な例で

ある。そして、これらの技術を用いた公的集合住宅の大量建設に並走するかたちで、民間のPCa工場の新設が相次ぐことになる。

―

住宅部品の開発と普及

　マスハウジングは、住宅部品産業の育成も後押しした。ステンレス流し台やスチールドアをはじめ、さまざまな住宅部品が公団を中心とした開発体制のもとで生み出され、1960年以降は公営・公社とも共通の**KJ部品**（公共住宅用規格部品）として大量発注されるようになったのである［**図3**］。なお、この制度は、発注者側であらかじめ設計内容を決めてしまうため、メーカー間で品質向上の競争が起こりにくいという限界が生じた。そこで、74年、民間の優れた住宅部品を認定する**BL部品**（優良住宅部品）認定制度に引き継がれている。

　こうして、PCaにせよ、住宅部品にせよ、マスハウジング期の工業化の産物は、民間の建築物にも広く普及していったのである。

PCa技術の先駆例、フランスの「カミュ工法」による壁パネルの脱型工程。コストや工期の面でのメリットが認められ、1950年から64年までの間に、フランス国内だけでも、およそ4万戸の実績を上げた

図1｜PCaによる集合住宅建設

薄肉リブ付きPCa版による量産公営住宅建設の様子。住宅難の解消や都市の不燃化を目指し、1962年に政府が採用した

図2｜量産公営住宅

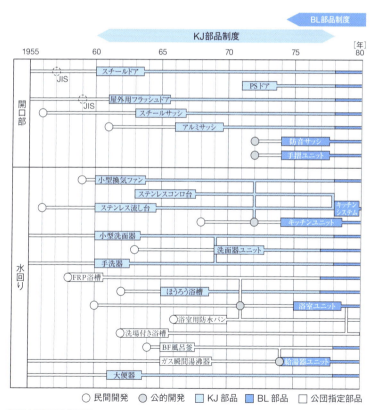

図3｜部品開発年表

07 | 戸建住宅の工業化

建築の工業化

建築の「工業化」とは何か? このことについて、国連ヨーロッパ経済委員会(1959年)は、①絶え間ない生産と安定した需要の確保、②製品の規格化、③プロセスの統合、④作業の高度な組織化(現場の効率化、プレファブ化など)、⑤手作業に代わる機械化、⑥生産のための研究・実験、などを通じた合理化の手法と整理している。今日の建築は、多かれ少なかれ、これらの手法の上に成り立っている。

—

初期の工業化の試み

こうした工業化の考え方が日本で芽生えたのは、グロピウスによるトロッケンモンタージュバウ(乾式組立構造)の試みが紹介された1920年代からのことである[図1a]。そこでの工業製品の利用法やグリッドによる建築の抽象的表現は、多くの建築家に影響を与えた。そして、第二次世界大戦後には、軍需産業の平和利用のため、木造パネル住宅の量産を目指す前川國男らのプレモス[図1b]などが生まれること

になる。この時期には、日本の木造家屋の骨組をPCaに置き換えた田辺平学らによるプレコンなどユニークな構法の取り組みも現れ[図1c]、これは後の量産公営住宅の開発にも結びついている。

—

工業化住宅と住宅産業の成立

これら初期の工業化の試みは、必ずしも市場での成功を収めなかった。しかし60年代を迎えると、3時間で建つ勉強部屋としてヒットした「ミゼットハウス」[図1d]や、水回り設備まで搭載した「セキスイハウスA型」[図1e]、ユニット構法により工場生産率を上げた「セキスイハイムM1」[図1f]など、軽量形鋼を主な構造体としたいわゆるプレハブ住宅が次々に登場し、やがて今日につながる住宅産業が成立していった。

このように、多様な工業化住宅が、数々の住宅メーカーによって生産されるようになり、今日では一種のブランド住宅として認知されている。現在では、プレハブ住宅のシェアは、新設住宅着工戸数の15.6%(2015年度)を占めている。

a) トロッケンモンタージュバウの試作住宅

設計:W・グロピウス、1927年／ドイツ・ワイセンホーフジードルング｜第一次世界大戦後、バウハウスでグロピウスが提案した建築構法。工場生産のパネルをボルトで組み立てた

b) プレモス7型第1号

設計:前川國男＋小野薫＋山陰工業、1946年｜1946年に発足した「工場生産住宅協会」による代表的な規格住宅の例。1m幅の木製パネルを整然とボルト接合する。51年までの間に1,000棟生産された

c) プレコン

設計:田辺平学＋後藤一雄、1948年-｜日本の木造家屋の部材を鉄筋コンクリートに置き換えることで、町場の大工にもなじみやすい不燃建築の実現を目指した。50年にはプレコンを製造販売するユタカプレコン（後の豊田コンクリート）が設立された

d) ミゼットハウス

大和ハウス工業、1959年｜戦後のベビーブーマーの勉強部屋として発売された。広さは四畳半と六畳の2タイプ。デパートで現物を展示する販売方法なども取り入れた

e) セキスイハウスA型

積水ハウス、1960年-｜部屋だけでなく水回り設備なども備えた最初期のプレハブ住宅の例。軽量形鋼にアルミサンドイッチパネルを取り付ける。販売数は200棟ほどだった

f) セキスイハイムM1

設計:大野勝彦、1971年-｜道路交通法の制限を考慮して、幅2.4m、長さ5.6m、高さ2.7m（外法）の部屋を工場生産し、現場で組み立てるユニット構法を採用した

図1｜量産型住宅生産の開発

08 工務店の誕生

工務店の誕生は戦後

しばしば、大工と工務店は同一視され、「大工・工務店」などとひとくくりにされることも少なくない。しかし、大工が木工事を担う職人であるのに対して、工務店は特に木造建築工事をマネジメントする組織である。

戦前、人びとが暮らす住宅の多くは木造住宅であり、これらの建設を担ったのは、棟梁・大工を中心とする生産組織であった。

戦後の住宅不足を解消する国策の一つとして住宅金融公庫（現・住宅金融支援機構）が1950年に設立された。これに刺激を受け全国各地で新築住宅が盛んに建設されるようになった。

この動きの中で、元請として木造住宅を建設する棟梁・大工が現れ、後に法人化して「工務店」と呼ばれるようになった。70年代以前に創業した工務店に着目すると、工務店が法人化する最盛期は、60年代と70年代であり、この時期にかけて工務店は全国に定着し、現在に至っている[図1]。

工務店とリフォーム業者の増加

工務店と呼ばれる事業者は、国勢調査等に用いられる産業分類では通常木造建築工事業と大工工事業に位置づけられる。50年代から70年代にかけて、木造建築工事業の事業所数は約5倍、大工工事の事業所数は約1.5倍になり、その数は共におよそ10万事業所に達した。このことからも、工務店とは戦後急増した業態であることがわかる。ただし、木造建築工事業は90年代後半から、大工工事業は80年代前半から事業所数が減少し、2014年にはそれぞれ最盛期の約1/2、約1/4までに少なくなった。

その一方で、産業分類上で木造建築工事業等から「建築リフォーム工事業」が独立し、こちらの事業所数が増え始めている[図2]。これまで木造住宅の新築を担ってきた工務店に代わるように、ストック活用を支えるリフォーム会社設立の動きが目立ち始めているのである。

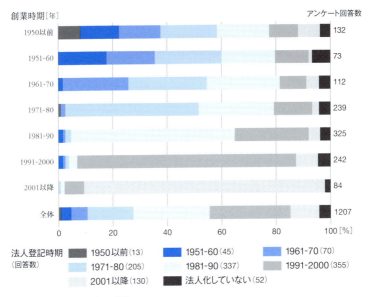

図1 | 工務店の法人化の時期

図2 | 木造建築工事業と大工工事業の事業所数の推移

09 | 木造住宅の近代化

木造住宅の近代化の経緯

1960年代から70年代の住宅生産の主要な目標の一つは、工業化の推進であった。しかし、木造住宅生産の近代化はほぼ手付かずの状態であった。76年の建設省（現・国土交通省）の「建築生産近代化の推進のための方策に関する答申」を契機に、大工・工務店を取り巻く課題に目が向けられるようになり、70年代末から木造住宅生産の近代化に向けた施策が展開されるようになった。

その第一歩として、木造軸組構法の部品化、不燃化などの推進のために建設省が始めた事業が「木造住宅在来工法合理化促進事業」である。大工・工務店による木造住宅生産の抱える根本的な課題は、構法等のハード面だけでなく、経営基盤の安定やニーズの把握などソフト面を含めたシステム全体の改善にあった。そこで、地域特性を踏まえた技術改良や事業の共同化などによる生産体制の再編に重点を移し、80年に「木造住宅振興モデル事業」が始められた。この方針が現在までの木造住宅の近代化・振興の基礎となっている［表1］。

木造住宅の近代化促進の政策

83年、部品化や合理化をさらに進めて高性能な木造住宅を低コストで生産・供給できる仕組みづくりを目指して「いえづくり'85プロジェクト」が実施され、木造住宅合理化システム認定制度につながった。現在累計で951システムが認定されている［図1］。

他にも、83年からはHOPE計画によって地方自治体が地域特性を活かした質の高い居住空間のある住宅づくりやまちづくりを進めるようになり、91年には木造住宅供給支援システムを開発した「新世代木造住宅開発事業」が行われて住宅フランチャイズ事業［図2］という新たな業態を生み出す礎となった。

2012年からは「地域型住宅ブランド化事業」も始まり、長期優良住宅を地域で一貫生産できる体制づくりが進められている。

表1 | 木造軸組構法住宅の近代化促進に関連する政策の変遷

年	政策	概要
1976	建築生産近代化の推進のための方策に関する答申	小規模建築業者を取り巻く諸問題の解明、木造住宅工事の標準化・技術開発、業務の共同化、消費者保護等の施策展開
1978	木造住宅在来工法合理化促進事業	在来工法の部品化・不燃化・新工法の開発
1980	木造住宅振興モデル事業	大工・工務店の供給体制全体を対象に地域特性に応じた木造住宅技術の改良、業務の共同化による機能強化などを実現するプロジェクトの提案
1983	いえづくり'85プロジェクト	高性能で低廉な木造軸組構法住宅の生産・供給システムの開発 →木造住宅合理化システム認定
	HOPE計画	市区町村による地域特性を踏まえた質の高い居住空間の整備のための地域住宅計画
1991	新世代木造住宅開発事業	大工・工務店の近代化を促進し、安全で居住性に優れ信頼性の高い住宅の供給体制の開発 →木造住宅供給支援システム認定
1997	木造住宅総合対策事業	木造住宅の市場競争力と中小工務店の近代化のため、経営基盤強化、設計・積算の情報化、生産性向上、資材流通の合理化の促進、優良な工法開発
2008	超長期住宅先導的モデル事業	いいものをつくってきちんと手入れして長く大切に使い続けられる住宅の設計・施工および維持管理・流通に係る技術のモデル掲示 →長期優良住宅
2012	地域型住宅ブランド化事業	地域資源を活用して気候・風土にあった良質な地域型住宅を生産供給し、維持管理できるような関連事業者の連携体制の構築

一般的な仕口を省略し、金物により、柱と梁を接合

図1 | 木造住宅合理化システムの金物工法の例

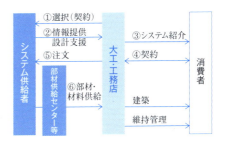

*①-⑥はシステム運用時の順番を示す

図2 | 住宅フランチャイズ事業の例

10 | プレカット産業の発展

プレカット工法の導入経緯

木造軸組構法の柱材、横架材（梁、桁）、羽柄材（根太や垂木等）などの継手・仕口を、工場に設置した工作機で加工することをプレカットと呼ぶ[図1]。今日の木造軸組構法住宅の現場では、このようなプレカット材を組み立てていく工法が一般的に採用されており、木造軸組構法住宅のつくり方はかつてと様変わりしている。

実際、こうしたプレカット工法が導入される以前は、大工が下小屋で構造部材などの墨付けと刻みを手作業で行うことが一般的であった。しかし、1980年代から90年代にかけて新築需要が回復すると、大工賃金も高騰していった。そのため、大工仕事を代替し、各種軸組部材の加工を効率化できる手法として、プレカット工法が注目されることになったのである。

―

プレカット工法の普及

80年代後半の時点では、プレカット工法の採用実績はおよそ4万戸であり、木造軸組構法住宅に対するシェアは6%にとどまっていた[図2]。プレカット工作機のルーツとなる自動仕口加工機を宮川工機が開発したのが76年であることを踏まえると、プレカット工法の初期の歩みは緩やかであった。

しかし、90年代以降、プレカット工法のシェアは急速に上昇し、2000年代後半には90%に達した。初期のプレカット工場では継手・仕口加工の前に大工が墨付けを行う必要があったが、CAD-CAMプレカットシステムを用いた全自動ラインの導入が進み、プレカット材の量産が本格化したのである。さらにこの時期には、木造軸組構法住宅の部品化の動きもあり、これもプレカット工法の後押しとなった。

その後も、プレカットCADと意匠CADの間でデータの互換性が確保されるなど、プレカット工法の生産性を高める取り組みが続けられてきた。また、大量に発生する木くずや端材などの収集・処理も大きく改善された。こういったことから今日のプレカット産業は、日本の木造住宅にとって欠くことのできない存在になっている。

大工による木材の手加工(墨付け、刻み)

プレカット部材

プレカット工場における木材の機械加工ライン

図1 | 木造住宅に使用する木材の加工

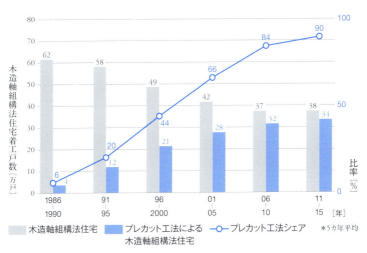

木造軸組構法住宅　　プレカット工法による　　―○―プレカット工法シェア　　＊5カ年平均
　　　　　　　　　　木造軸組構法住宅

図2 | 木造軸組構法住宅におけるプレカット工法の戸数とシェアの推移

11 | 地域ビルダーの成長

地域ビルダーの発生と成長

一つの都道府県内で年間30－1,000棟程度の木造軸組構法住宅を生産・供給する主体を**地域ビルダー**と呼んでおり、その規模は大工・工務店より大きく、**プレハブ住宅メーカー**より小さい[**図1**]。さらに最近は、少なくとも数県にまたがって建売住宅を供給する**パワービルダー**と呼ばれる業態が現れ急成長している。

1980年代に入る頃から、消費者が望む生活様式と住宅イメージの多様化が進み、大工・工務店では対応できない要求が数多く現れた。地域ビルダーは、従来の大工・工務店よりも技術や経営手法などを近代化した業態であり、木造軸組構法住宅の新たな担い手として登場した。

例えば、工務店がカタログや展示場を準備するなど営業力・設計力を強化して発展するケース、建築士や材木店が大工や工務店を組織して元請化するケース、工務店同士が協同組合を形成して協同化するケースなどのように、工務店の多様な再編によって、地域ビルダーが生まれたのである。そして、80年代には、建築家の大野勝彦を中心にこうした地域ビルダーに関する研究が盛んに進められた。

—

いえづくり'85プロジェクトの役割

83年、建設省(現・国土交通省)が**いえづくり'85プロジェクト**を始めた。これは、地域特性を配慮した木造軸組構法住宅の合理的な生産供給システムに関する提案競技で、85年度末までにシステムの確立を目指していた。この取り組みの過程で、地域ビルダーによる木造住宅の部品化工法の提案・開発が進んだ。その代表的な事例が「いばらきの家」[**図2**]であり、その家の開発にあたっては、地域の職方、材木店、工務店などで研究会が設立され、地域のニーズに的確に対応できる木造住宅の生産拠点の構築が進められた。

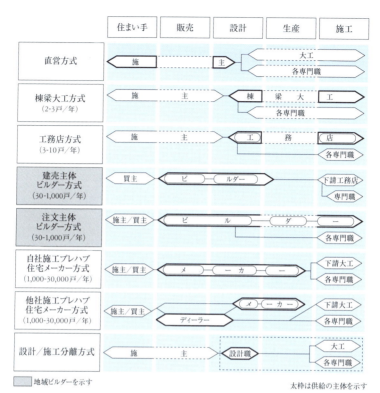

図1 | 住宅生産者の業務分化の様子

いばらきの家 設計:大野アトリエ+いばらきの家研究会、生産・販売:茨城県木造住宅センター、1985年

部品化のシステム図

図2 | 部品化工法による木造住宅

12 | 工業化構法の在来化

大規模建築のRC工事の現状

今日の大規模なRC造では、プレキャストコンクリート(PCa)化する範囲が、工事ごとに計画される[**図1**]。このように現場打ちRC造にPCa構法を適宜組み合わせていく技術は、**PCa複合化構工法**と呼ばれ、主に集合住宅に用いられている。

RC工事の省力化を図るには、部材一式をPCa化する方法だけでなく、鉄筋工事や型枠工事を工夫する方法もある。実際、1970年代の建築専門誌を見ると、これら2つの省力化手法が同じくらい掲載されている。しかし80年代に入ると、両者を融合するような事例が目立つようになる。つまり、建物の物的構成と工事方法を同時に計画する手法が、この時期に大手建設会社に広まっていった様子が浮かび上がってくる。

—

PCa構法の在来化の過程

日本ではPCaが特殊な構造として扱われてきた。RC造が一体的架構を築造する耐震技術として普及したた

めである。したがって、PCa複合化構工法とは、PCa構法が日本的に在来化した技術と考えられる。

部材構成に着目すると、PCa複合化構工法は2つに分けられる。その1つは、もっぱらハーフPCa版を使ったものである[**図2**]。オムニア板などが、70年代から床スラブや壁の捨て型枠に使われ始め、80年代から90年代にかけては、柱や梁のハーフPCa化も行われた。もう1つは、柱や梁の全断面にPCa部材を用いるもので、21世紀に入ってからは、こうした部材構成がRC造ラーメンでも目立つようになった[**図3**]。

PCa複合化構工法がこのように変化した背景には、90年代における2つの技術開発がある。この時期、高強度コンクリートの開発が進むと共に、PCa接合部設計の技術規準が整備されていったのである。そして、こうした素材開発や構造設計技術に支えられ、PCa複合化構工法は今日の**超高層集合住宅**の工事に欠かせない技術として定着している。

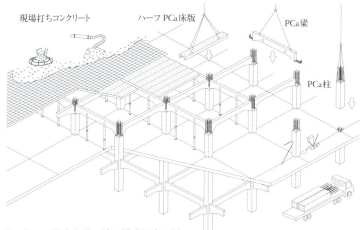

図1 | PCa複合化構法の構成要素の例

ハーフPCa版(現場打ちコンクリートの型枠を兼ねたもの)を用いた床版

PCa化されたバルコニー(腰壁はタイル打込みPCa版、床版はハーフPCa版)

図2 | PCa複合化構法の要素技術の例

PCa柱の上にPCa梁を建込み

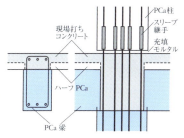

現場打ちコンクリートとスリーブ継手によって柱梁接合部を形成

図3 | PCa複合化構法の接合部の例

13 | 建築部品の多品種化

品揃え強化と多品種化

さまざまな工業製品と同様、1980年代には建築部品の**多品種化**が進行した。実際、70年代には150頁ほどに過ぎなかった水回り部品カタログは、90年代初めには800頁ほどに達している。開口部品の多品種化はさらに激しく、80年代にカタログ頁数は10倍ほどに膨らんだ [**図1**]。

これは、販売力を高めるための品揃え強化がもたらした結果である。ところが、多品種化が進むと工場内のさまざまなつくりかけ（仕掛品）を把握することが困難になり、会社の経営指標の信頼性を損なう事態にまでつながっていく。

—

見込生産方式から受注生産方式へ

こうしたジレンマから抜け出すため、建築部品メーカーは仕掛品在庫を持たない生産方式へと移行していく。それを象徴するのが工場レイアウトの変化である。かつて加工組立工場のレイアウトは、精緻な工程によって製造時間を切り詰めたフローライン型と、そうした工程を持たずに高い加工能力を担保したジョブショップ型に大別できた。しかし、80年代中頃から、両者の性格を併せ持つセル型というレイアウトが広まり出すことになった [**図2**]。

近代建築運動からオープンシステムに至るまで、建築生産の工業化の取り組みは、個々の建物づくりに先行して建築部品がつくり出されていく社会を想定した。しかし、今日では建築部品の多くが、建物と同じように注文を受けてからつくられている。建物の受注生産性に工業技術の見込生産性を馴染ませようと腐心している間に、建築部品のつくり方が建築生産のあり方に近づいていたのである。

そうした**オーダーエントリー**に基づく部品生産技術をどのように活用するのかという新しい課題は、必ずしも広く認識されているわけではない。しかし、**クラフトマンシップ**と呼ばれるようなものづくりの質を21世紀の建物づくりで実現できるとすれば、この課題こそがその鍵を握っているのかもしれない。

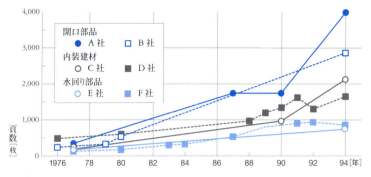

図1│建築部品カタログの頁数の変化

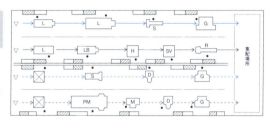

少品種大量生産方式
（フローライン型）

・製品ごとに製造ラインを構成し、円滑な物流を実現
・専用工作機を直列に配置
・多品種にはライン増設で対応

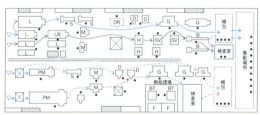

多品種少量生産方式
（セル型）

・類似部材別に多能力工作機を配置（右図では上下2部門に分離）
・フローライン型とジョブショップ型の中間的性格を持つ

多品種少量生産方式
（ジョブショップ型）

・類似する工作機をまとめて配置（製造ラインを構成しない）
・多様な加工能力を持つ
・生産量が増えると物が滞留する

凡例　──→：製品①の流れ　──→：製品②の流れ　┈┈▷：製品③の流れ　┈┈▶：製品④の流れ
　　　●：作業員　　▥▥▥：ベルトコンベア（アルファベットは工作機の種類の違いを示す）

図2│生産方式と工場レイアウトの対応

14 建築業務の分節

プロジェクトチームの臨時性

建築プロジェクトは多種多様な技術を要し、生産プロセスの段階や施工時の工程ごとに必要な技術が異なる。そのため建築業は製造業と異なり、専門的で高度な技術を持つさまざまな業種が分業し、プロジェクトごとに異業種の複数の主体が一時的に集まってプロジェクトチームを形成することにより効率的な建築生産を行っている[図1]。

プロジェクトチームは建築主を中心として、設計担当と施工担当に大きく区分できる。プロジェクトごとにチームの構成員は異なっており、プロジェクトチームはプロジェクトの発生と共に形成され、終了と共に解散することをその都度繰り返している。特に施工は多数の専門工事業者の参画が必要であり、プロジェクトの条件や業者の工事実績、技術力を考慮しつつ、長年における業者間の信頼関係や取引関係をもとにチームが形成される。

建築プロジェクトは現地における一品生産であり、地域や季節などによる需要の変動も大きいため、プロジェクトごとに異なるチームを形成することにより、個々のプロジェクトの特徴や需要に柔軟に対応している。

建築生産に関与するさまざまな主体

建築生産に関わる主体には、建築主、設計者、施工者、コンサルタント、建材・建築部品メーカーなどプロジェクトチームを構成して直接的に業務に関わる主体の他にも、建物の所有者や使用者、行政官庁、不動産業者、金融機関、近隣住民、各種業界団体・職能団体、建築学会など諸学会、研究・教育機関など実にさまざまな主体がある。

このように多くの主体が関与して構築される建築生産システムを安定的に維持し、その質を向上させるために、法規や規格、慣習などの社会的規範が形成されている。また、個々の建築プロジェクトにおける関係主体間の合意事項は、契約によって明確化されている[図2]。

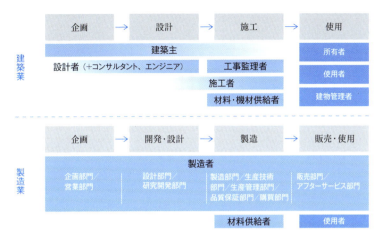

図1 建築業と製造業における生産プロセスと業務に関わる主体の比較

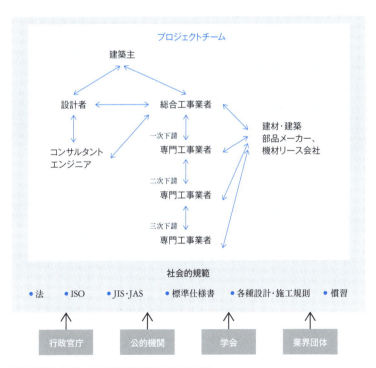

図2 建築プロジェクトの業務に関わる主体の例

15 建築業務を規定する法規

建設業に関する規定

建設業とは、建設工事の完成を請け負う営業のことであり、請負は、民法において規定された契約の一種である。建設業を営もうとする者は建設業の許可を受けなければならない（軽微な建設工事のみを請け負う場合を除く）。建設業法は、建設業の許可や建設工事の請負契約、施工技術の確保などについて規定している。

建設業の許可を受けるには、4つの要件（経営業務の管理責任者、専任技術者の設置など）を備えることなどが必要である。許可は大臣許可と知事許可、一般建設業と特定建設業に区分され、建設工事の種類（29種類）に対応する業種の許可を受ける。

工事現場には、元請工事における下請契約の合計額に応じて、監理技術者もしくは主任技術者を配置することとされている[表1]。なお、建築一式工事の監理技術者や主任技術者となり得る国家資格は、建築施工管理技士と建築士である。

建設工事の入札や契約は適正に行われることが必要である。そのため、独占禁止法は競争入札の際に参加者同士が入札価格や落札者について事前に話し合う談合などの不当な取引や、適正な施工が見込めないような著しい低価格で受注するダンピングなどの不公正な取引を禁止している。

—

建築士に関する規定

建築物の設計、工事監理等を行う技術者の資格や業務、設計の受託に関する契約、建築士事務所の組織と職務などについて規定しているのが建築士法である。

建築士の免許は一級建築士、二級建築士、木造建築士に区分されており、それぞれの設計、工事監理のできる建築物の規模が規定されている[表2]。また、所定規模以上の建築物の構造設計または設備設計については、構造設計一級建築士または設備設計一級建築士の関与が必要と規定されている。

表1｜建設業法における工事現場の技術者制度

許可の区分	特定建設業		一般建設業
元請工事における下請契約の合計額	4,000万円以上（建築一式6,000万円以上）	4,000万円未満（建築一式6,000万円未満）	4,000万円（建築一式6,000万円）以上は契約できない
工事現場に配置すべき技術者	監理技術者	主任技術者	
技術者の資格要件	①一級国家資格者 ②国土交通大臣特別認定者（指定建設業*） ③指導監督的実務経験者（指定建設業以外）	①一級・二級国家資格者 ②指定学科卒業＋実務経験者（3年または5年） ③実務経験者（10年）	
技術者の現場専任義務	公共性のある施設・工作物または多数の者が利用する施設・工作物に関する重要な建設工事に配置される場合		
監理技術者資格者証	専任を要する場合は必要	不要	

＊指定建設業：土木、建築、電気、管、鋼構造物、舗装、造園工事業の7業種

表2｜建築士の業務範囲

構造	木造その他右欄以外の構造				RC造、鉄骨造、石造、煉瓦造、コンクリートブロック造、無筋コンクリート造		
高さ・階数	高さ13mかつ軒高9m以下			高さ13mまたは軒高9mを超えるもの	高さ13mかつ軒高9m以下		高さ13mまたは軒高9mを超えるもの
延べ面積[m²]	階数1	階数2	階数3以上		階数2以下	階数3以上	
30未満	□	□	●(黒)	●(青)	□	●(黒)	●(青)
30〜100	□	□	●(黒)	●(青)	●(黒)	●(黒)	●(青)
100〜200	■	■	●(黒)	●(青)	●(黒)	●(黒)	●(青)
200〜300	■	■	●(黒)	●(青)	●(黒)	●(黒)	●(青)
300〜500	●(黒)	●(黒)	●(黒)	●(青)	●(青)	●(青)	●(青)
500〜1,000	●(黒)*	●(黒)*	●(黒)*	●(青)	●(青)	●(青)	●(青)
1,000超	●(黒)*	●(青)	●(青)	●(青)	●(青)	●(青)	●(青)

● 一級建築士　● 一級建築士または二級建築士
■ 一級建築士、二級建築士、木造に限り木造建築士　□ 誰にでもできる
＊学校、病院、劇場、映画館、観覧場、公会堂、集会場（オーディトリアムを有しないものを除く）または百貨店の場合は一級建築士のみ

16 | 技術基準

社会的規範と法体系

建築は、建築プロジェクトにかかわる主体による自由な創造と、法、規格、慣習といった社会的規範の双方に基づいて生産される。社会的規範のうち法は強制力を持つ。

建築に関連する法体系は、その根幹を構成する**建築基準法**と**建築士法**のほか、建築の質の向上を目的とした各種法律や、関連する他分野の法律からなる[**図1**]。建築基準法は、建築の敷地、構造、設備、用途に関する最低基準を定めた法律である。**建築基準法施行令・施行規則**に具体的な運用などが定められ、**国土交通省告示**により多くの技術的基準が定められている。

―

建築技術に関する規格

建築技術に関連する規格には、国際規格の**ISO**（国際標準化機構）**規格**、国家規格の**JIS**（日本工業規格）・**JAS**（日本農林規格）、学会や業界団体などが定める団体規格、各企業が定める社内規格がある。

JISは鉱工業品の種類や形状、品質、生産方法などを規定し、大半の建築材料にJIS規格がある。また木材や合板などの木質材料にはJAS規格がある。団体規格には、学会や公的機関などが定める標準仕様書[**表1**]や、学会や専門工事業団体が定める各種設計・施工規準などがある。

規格自体には強制力がなく、用いるかどうかは自由に判断できるが、法規や契約の中に引用された規格は法的強制力を持つ。

―

仕様規定と性能規定

建築の技術的規定は仕様規定と性能規定に大別される。仕様規定は材料や工法などを具体的に定めるのに対し、性能規定は要求される性能を定める。従来は仕様規定が多用されてきたが、1998年の建築基準法改正あたりから性能規定の導入が進められている。性能規定には、社会への説明性の向上や国際標準との整合、新技術の開発、コスト縮減といったメリットがある。

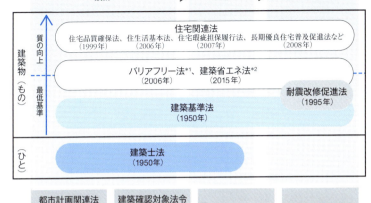

*1「ハートビル法」(1994年)が他の法律と統合されて「バリアフリー法(高齢者、障害者等の移動等の円滑化の促進に関する法律)」が制定された | *2「省エネ法(エネルギーの使用の合理化等に関する法律)」(1979年)の規定を建築に特化した「建築省エネ法(建築物のエネルギー消費性能の向上に関する法律)」として制定された

図1 | 建築関連の法体系の概要

表1 | 主な標準仕様書

仕様書名(制定者)	概要
建築工事標準仕様書「JASS」(日本建築学会)	建築物の施工に際して、要求目標の設定やそれを具体化する技術的手段に関する標準モデルを示すもの。学術的成果を取り入れた詳細な内容で工種ごとに分冊となっている
公共建築工事標準仕様書(国土交通省官庁営繕部)	公共建築の新築工事において使用する材料、工法等について標準的な仕様を示すもの。民間の工事にも広く利用されている。なお、公共建築工事に関する標準的な仕様を示すものには他に下記の仕様書がある 改修工事　　　:「公共建築改修工事標準仕様書」 木造建築工事:「公共建築木造工事標準仕様書」 解体工事　　　:「建築物解体工事共通仕様書」
住宅工事仕様書(住宅金融支援機構)	住宅金融支援機構として望ましいと思われる技術水準の標準的な住宅仕様を示すもの。特に木造住宅共通仕様書は、建築基準法に示されない具体的な仕様として一般の木造住宅に普及し、質の確保や施工の標準化に寄与している
建築工事共通仕様書(日本建築家協会)	民間の建築物の設計監理に焦点を絞り、監理における使いやすさを目標として標準的な仕様を示すもの

17 | 契約

設計する際の契約

設計事務所が設計業務を行う際には、建築主と設計業務委託契約を結び、設計業務の範囲や設計期間、契約金額、不測の事態への対応方法などを定める。民間工事では、工事監理委託契約も併せて締結するのが一般的である。

—

建物を入手する際の契約

建物を入手する際の契約には、工事請負契約[表1|表2]と建物売買契約の2形態がある。

工事請負契約とは、建設会社が建築主に対して建築工事の完成を約束し、完成した建物が約束したものであれば、その対価として建築主が報酬を支払うことである。注文建築は工事請負契約により建設される。

建物売買契約とは、売主が既に完成している建物を引き渡す代わりに、買主が代金を支払うことである。建売住宅や分譲マンションなどは売買契約により購入する。

工事請負契約には、一つの建設会社が元請となる単独請負と、複数の建設会社が共同企業体を結成して元請となる共同請負(ジョイントベンチャー:JV)がある。なお、工事において、元請の建設会社が下請の建設会社に工事の一部を発注する際は会社間で工事請負契約(下請契約)を結ぶ[図1]。

建設工事の現場作業者の契約

現場作業者には雇用契約に基づく労働者と請負契約に基づく一人親方(労働者を雇用せず個人で作業を請け負う事業主)がおり[図1]、原則として労働者派遣は認められない。

雇用契約に基づく労働者は指揮命令を受けながら労務を提供し、労働時間に基づいて給与が支払われる。雇用する建設会社には社会保険への加入義務が生じる。

一人親方は注文ごとに請負契約を結び、作業などに関する裁量権を与えられ、約束した仕事の完成の対価として報酬が支払われる。社会保険等には個人で加入する。

表1 | 工事請負契約に必要な書類

工事請負契約書	建設業法に定める項目について明記する（工事内容、請負代金額、着工・完成の時期など）
工事請負契約約款	契約当事者間の具体的な権利義務の内容を詳細に定める。下記の約款をよく用いる ［民間工事］ 工事請負契約約款［表2］ （民間〈旧四会〉連合協定） ［公共工事］ 公共工事標準請負契約約款 （中央建設業審議会）
設計図書	設計図、仕様書、現場説明書、現場説明に対する質問回答書

＊参考書類として請負代金内訳書、工程表等を付す

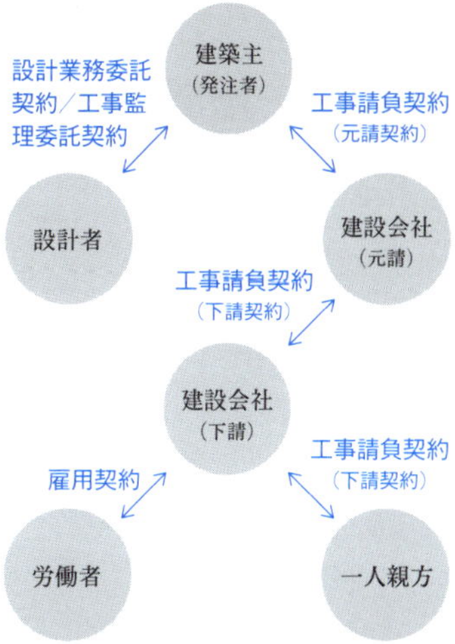

図1 | 建築プロジェクトにおける契約関係

表2 | 工事請負契約約款（民間〈旧四会〉連合協定）の内容

1	総則	20	施工について生じた損害
2	敷地、工事用地	21	不可抗力による損害
3	関連工事の調整	22	損害保険
4	請負代金内訳書、工程表	23	完成、検査
5	一括請負人、一括委任の禁止	23の2	法定検査
6	権利、義務の譲渡などの禁止	23の3	その他の検査
7	特許権などの使用	24	部分使用
8	保証人	25	部分引渡し
9	監理者	26	請求、支払、引渡し
10	現場代理人、監理技術者など	27	瑕疵の担保
11	履行報告	27の2	新築住宅の瑕疵の担保
12	工事関係者についての異議	28	工事の変更、工期の変更
13	工事材料、建築設備の機器、施工用機器	29	請負代金額の変更
14	支給材料、貸与品	30	履行遅延、違約金
15	発注者の立会い	31	発注者の中止権、解除権
16	設計および施工条件の疑義、相違など	32	受注者の中止権、解除権
17	工事用図書の通りに実施されていない施工	33	解除に伴う措置
18	損害の防止	34	紛争の解決
19	第三者損害	35	補則

18 技術基盤としての専門工事業

伝統社会と現代社会にまたがる建築生産

　建築生産は伝統社会と現代社会の両方にまたがっている。鳶・大工といった建設技能者は地域のお祭り会場を設営し、御輿担ぎなどのまとめ役になる。その一方で、建設業は国内総生産や生産年齢人口の1割ほどを占め、不況時の公共工事は雇用吸収の役割も果たしている。つまり、建築生産には小規模な木造工事と大規模な非木造工事が共存しており、それぞれの工事現場は町場と野丁場と呼ばれて区別されている[**表1**]。

　これら2つは技能育成と技術開発の場の違いでもある。超高層ビルの自動化施工に代表されるように、大規模工事を通して高度な技術開発がなされる一方で、小規模工事の実務が技能者の職業訓練を担っている。こうした状況が生まれたのは、木造請負が発達した近世である。野丁場という呼称は明治期の煉瓦造に由来するが、近世には市井の建築工事と大規模造営との間に**表1b**のような違いが生まれていたという。

―

小規模工事と大規模工事にまたがる技術

　もっとも町場とも野丁場とも呼べないような工事現場も存在する。例えば、大手住宅メーカーの住宅はプレファブ化された独自の構法を用いているため、その現場は新丁場と呼ばれている。また、都市部の建築需要が中高層建物に移行し、かつては木造専門であった工務店が非木造を手掛けていることも少なくない。さらに近年は、公共建築の木造化が推進され、木造工事を積極的に受注する大手建設会社も現れている。

　しかし、こうした多種多様な建物づくりが共通の技術によって支えられていることも確かである。躯体工事の担い手こそ木造と非木造で異なるが、専門工事業者の多くはさまざまな工事現場を横断して仕事を請け負っており、それらの保有技術が建築生産の技術的基盤を形成している。

表1 | 専門工事業者(職工)からみた工事現場の区分

a) 今日の区分

工事の特徴			町場	野丁場
主な工事内容	工事種別		新築工事	
	建物の構造		木造	非木造
	建物の用途		戸建住宅	オフィスビル、集合住宅
受発注の担い手	発注者		個人	国・地方自治体、民間企業
	受注の窓口		大工、工務店	大手建設会社
受発注の方法	契約関係		請負方式	
	元請の選定		特命	入札*

*公共発注の場合。民間発注では見積り合わせ(随意契約)が一般的である

b) 近世の区分

工事の特徴			町場	大規模造営
主な工事内容	工事種別		修理工事	新築工事
	建物の構造		木造	
	建物の用途		庶民住宅、小社寺	大社寺
受発注の担い手	発注者		町人	幕府、大名
	受注の窓口		大工棟梁	各職の棟梁
受発注の方法	契約関係		請負方式	直営方式
	元請の選定		お出入りの大工棟梁	プロジェクトに応じて選定
職方	職方の関係		共同体的な結びつき	一時的なチーム
	技能		技能習得の場	新しい技術の創造の場
	材料		地場産材の利用	限定なし

町場
木造住宅の屋根工事

新丁場
鉄鋼系プレハブ住宅の外壁建込み

野丁場
超高層集合住宅の杭工事

図1 | さまざまな工事現場

19 工事組織の階層構造

専門工事の階層構造

一つの建築工事はさまざまな専門工事の集まりであり、工事ごとに階層的な請負関係が築かれる[**図1**]。つまり、**総合工事業者**は、建物の発注者から建築工事を受注すると、各種工事をそれぞれの**専門工事業者**に発注する。建物規模が大きくなったり特殊な工事内容が含まれたりすると、専門工事業者は担当工事の一部を別の専門工事業者に発注し、さらに専門工事業者の間にも請負関係が築かれる。

こうした**重層下請**構造は、製造業に広く見られる現象であり、必ずしも建設業に特有なものではない。しかし、製造業の下請が主に材料・部品供給を担っているのに対し、建設業の階層的請負は労務供給を目的としていることが大きな特徴になっている。

施工チームの帰属と作業員の雇用

野丁場で一次下請となるような専門工事業者は会社規模も大きい。そのため、作業単位となる**施工チーム**を工事現場の特性に応じて編成し、そ

れぞれの現場に労務を提供している[**図2**]。主な施工チームはその会社が直接雇用している**直用**と専属的な二次下請(**準用**)である。**準用**で賄えない場合には臨時の下請を手配するが、こうした施工チームは二次下請として参加することもあれば、準用の施工チームの一部(三次下請)として参加することもある。

さらに職種によっては、施工チームの中に雇用の階層構造が存在する[**図3**]。施工チームには作業内容に応じて適正な規模がある。土工事のように十数人で構成される施工チームもあれば内装工事のような2名ほどの施工チームもある。多人数の施工チームになるほど補助作業も増え、手元などと呼ばれる補助工が臨時や日雇で雇用される傾向が強くなる。

このように施工チームの帰属と作業員の雇用が重なりながら、さまざまな階層構造を持つ工事組織が工事期間だけ編成され、多種多様な建物が建てられていく。

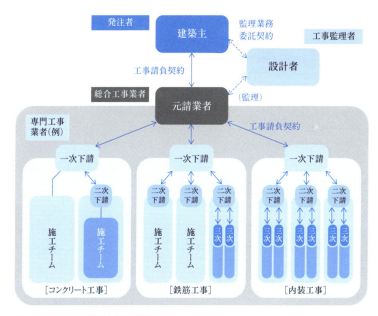

図1 | **工事組織の編成と階層構造の例**

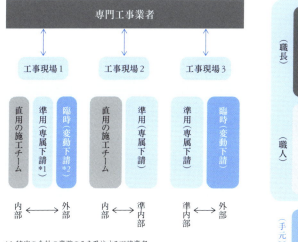

*1 特定の会社の業務のみを受注する下請業者
*2 臨時に手配される下請業者

図2 | **施工チームの帰属の基本バリエーション**

図3 | **施工チームの階層構造の例**

20 重層下請と工事技術

専門工事の重層下請の進行

1970年代中頃から、野丁場の専門工事の重層下請が急速に進行した[図1]。それまでの専門工事業者は施工チームを直用して労務を提供していた。しかし、材料調達も行う材工請負や現場の管理業務を含む一括請負へと業務範囲が広がるにつれて労務の外注が進み、こうした業務をもっぱら受注する業態も確立した。

重層下請がこのように広まっていった要因は、建築市場の拡大と専門工事業者の繁閑対策に求められることが多い。戦後の継続的な新築需要は施工チームを率いる職長に独立の機会を与えたが、専属下請の確保は技術力を確保しながら経営を安定させることにつながるため、彼らの雇用主もこうした動きを歓迎したのである。

重層下請の功罪

70年代に入ると雇用主の社会保険料負担が増加し、こうした動向に拍車がかかったと言われている。しかし、工事組織が過度に階層化すると、責任が曖昧になり、発注者が寄せた信頼を裏切ることになる。そのため、建設業法は工事の丸投げと呼ばれる一括下請負を原則として禁止してきた。さらに2000年になると入札適正化法が定められ、公共工事の施工体制台帳には二次下請以下の工事金額を記載することも義務化された[表1]。

もっとも、建築工事とはさまざまな建材と大量の労務を結集する行為である。その請負契約は分業を前提とした工事完成の約束であり、その達成方法は受注者の裁量に任されている。例えば、野丁場の躯体工事は今日でも元請業者の実質的子会社が担っており、元請業者の直営工事という性格が強い。つまり日本の建設業は、近代的な請負契約と直営的な工事方法を結び付け、大量の新築需要に応えてきたのであった。しかし、今後の建築市場は新築工事の減少が予想されている。そうした市場環境の中で工事技術をどのようにして担保していくのか、建設業界全体の大きな課題になり始めている。

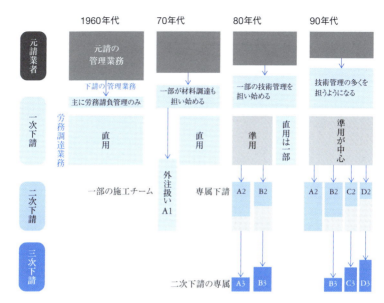

図1 | 重層下請の進行の模式図

表1 | 重層下請の抑制に関連する主な動向

年	項目	関連法規
1947	中間搾取の禁止・労働者派遣の禁止	労働基準法・職業安定法
1949	原則として一括下請負を禁止 主任技術者・監理技術者の現場専任制	建設業法
1972	安全に関する下請指導の強化	労働安全衛生法
1976	下請に対する雇用管理責任の拡大	建設雇用改善法
1986	建設作業への労働者派遣の禁止	労働者派遣法
1994	施工体制台帳の整備	建設業法(改正)
2000	一括下請負の全面禁止、施工体制台帳の拡充	入札適正化法*

[備考] ・1961年に国民皆保険制度の開始（従業員5人未満の個人事業主の国民健康保険加入は任意）
　　　・70年代に社会保険料の引き上げが相次ぐ

*「公共工事の入札及び契約の適正化の促進に関する法律」の通称

建築プロジェクトの編成

建物づくりはプロジェクトです。
異なる組織に所属するさまざまな職能が一時的に集まり、
建物づくりが完了するとチームは解散します。
その一方で、建築プロジェクトの進め方や
チーム編成には定型があります。
本章では、臨時的でありながら
定型的であるという建築プロジェクトの特質を
「設計と施工の分節と統合」の観点から解説します。
また、他の産業には見られない
「住宅生産の諸相」も本章で取り上げます。

Chapter

4

設計と施工の分節と統合

01｜建築プロジェクトの流れ　　086

02｜設計業務と施工業務　　088

03｜監理業務と管理業務　　090

04｜設計・施工主体の選定　　092

05｜設計と施工の統合　　094

06｜建築プロジェクトの
　　発注業務における支援　　096

住宅生産の諸相

07｜住宅生産の棲み分け　　098

08｜分業単位のコントロール　　100

09｜職種の分化と統合　　102

01 建築プロジェクトの流れ

着想から設計まで

建築生産の捉え方にはさまざまな視点がある。建物づくりが日本経済に及ぼす影響に着目する視点もあれば、建物の企画から施工に至る個々のプロジェクトに注目する視点もあり、さらに近年は竣工後の建物利用や廃棄処理も含めて建築プロジェクトを考えることも増えている[**図1**]。

個々の建築プロジェクトは、建築主の発意から始まる。つまり、何らかの建築需要が発生し、さまざまな専門家が一定期間集まって一つの建物がつくり出されていく。通常、こうした建築プロジェクトの発意者によって建築工事が発注され、建築関連法規では建築主と呼ばれることになる。

企画段階では、建築主の構想を整理し、プロジェクトとして目標達成のための基本的な考え方を定める。立地条件や施設規模、さらに事業手法などの幅広い検討が必要となるため、多くの主体が関与することになる。特に、資金調達などの建築とは無関係な業態を含めた、幅広い人達との協働作業となる場合がある。

設計段階では、企画段階と関係が深い基本設計、詳細な納まりなど後続の施工段階とも関係する実施設計の2つの内容に分けられる。

—

発注から廃棄処理まで

その後、発注契約の段階を経て施工段階に至る。発注の仕方も公共／民間、一括／分離などによって違いがあり、それに応じた関連主体の組織が編成される。これらが各プロジェクトによって異なる点が、建築生産の特徴の一つといえる。ここまでの業務の流れをそれぞれ主体別に一般的なフローとして表したものが**図2**である。

現在では持続型社会の形成を念頭に置き、施工後の運用・利用段階、さらには最終的な廃棄処理段階まで、生産プロセスは広がってきている。これらの段階では、建築プロジェクトに関係するエネルギーや資材量は膨大になっていることを十分に認識すべきである。

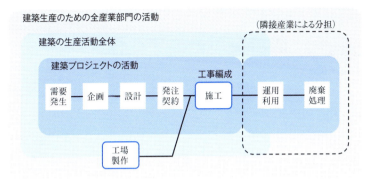

図1 | 建築生産の捉え方

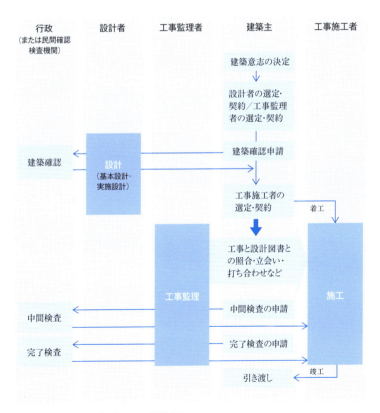

図2 | 建築ができあがるまでの一般的なフロー

02 | 設計業務と施工業務

設計段階の業務

設計業務の流れを**表1**に示す。設計者は、建築主から示された要求や条件を受け、建築主の発注内容を最終的に確認しとりまとめる。これを**基本設計**と呼び、その内容が法的・技術的・経済的に実現可能かどうか確認を行う作業となる。また、建築主にとっても、基本設計を通して自らの発注内容が整理されることになり、この段階で新たに発注すべき内容に気付くことも少なくない[**表2**]。

基本設計で確認された内容を詳細に検討し、工事が実践できるように契約に必要な設計図書のかたちにまとめる作業を**実施設計**という。この段階ではデザインや技術の具体化、つまり工事が遂行できるように設計内容を詳細化することが大きな目的である。要求等の確認、法令上の諸条件の調査および関係機関との打ち合わせ、概算工事費の検討などがあげられる[**表3**]。

このほかに、作成した図面通りに建物がつくられているか、工事の過程でその経過と結果を確認する工事監理と呼ばれる業務がある。さらに最近では、建物を建築主に引き渡した後の運用段階におけるリニューアル計画を立案するなど、設計業務の幅の広がりが見られる。

—

施工段階の業務

実施設計の内容をくみ取り、与えられた予算・工期でプロジェクトとして完成させることが施工業務の最も大きな内容である。設計が終了した後、一般的な工事においては、総合工事業者(ゼネコン)が発注者から一括して工事を受注する。この施工者を元請と呼ぶ。工事全体は種々の工事で編成されるが、**元請業者**によりそれぞれの専門工事業者(協力会社、下請業者)に発注される。

現場監督などと呼ばれる**施工管理者(主任技術者)**は工事全体の管理を行う。適正な技術と材料で品質よく工事を進め、経済的かつ安全に、また時間通りに工事が行われるように工事全体を管理する責任がある。

表1｜設計業務の流れ

生産 プロセス	業務	内容	関連する主体の例
企画段階	調査・企画	・設計条件の確認 ・事前調査、事業計画の検討 ・基本構想の立案 ・コンセプトの作成	・建築主（発注者） ・コンサルタント ・ディベロッパー ・不動産業
設計段階	基本設計	・施設の内容、設計条件の整備 ・法的、技術的、経済的裏付けの検討 ・設計仕様、デザインの検討	・建築士 ・構造設計者 ・設備設計者 ・積算士
	実施設計	・細部の技術的な検証 ・工事用発注図面の作成 ・法令に伴う申請、届け出 ・積算書や契約図書の作成	・インテリアデザイナー ・ファサードエンジニア ・ランドスケープアーキテクト ・コンストラクションマネジャー
施工段階	工事監理	・設計図書に基づく品質管理の実践 ・工事の指導、監督 ・竣工前検査の運用	・総合工事業者／工務店 ・専門工事業者 ・設備機器メーカー ・建材メーカー
運用段階	アフターケア	・定期検査の実施 ・維持管理計画のコンサルティング ・各種調査、診断 ・リニューアル計画立案	・建物管理会社 ・プロパティマネジメント会社 ・ファシリティマネジメント会社 ・建物所有者

表2｜基本設計の標準業務内容

1 設計条件の整理
　1）条件整理
　2）設計条件の変更等の場合の協議
2 法令上の諸条件の調査および
　関係機関との打ち合わせ
　1）法令上の諸条件の調査
　2）建築確認申請に係わる関係機関との
　　打ち合わせ
3 上下水道、ガス、電力、通信等の供給状況
　の調査および関係機関との打ち合わせ
4 基本設計方針の策定
　1）総合検討
　2）基本設計方針の策定および
　　建築主への説明
5 基本設計図書の作成
6 概算工事費の検討
7 基本設計内容の建築主への説明など

表3｜実施設計の標準業務内容

1 要求などの確認
　1）建築主の要求等の確認
　2）設計条件の変更などの場合の協議
2 法令上の諸条件の調査および
　関係機関との打ち合わせ
　1）法令上の諸条件の調査
　2）建築確認申請に係わる関係機関との
　　打ち合わせ
3 実施設計方針の策定
　1）総合検討
　2）実施設計のための基本事項の確定
　3）実施設計方針の策定および
　　建築主への説明
4 実施設計図書の作成
　1）実施設計図書の作成
　2）建築確認申請図書の作成
5 概算工事費の検討
6 実施設計内容の建築主への説明など

03 監理業務と管理業務

設計と施工を結びつける図書類

プロジェクトの一連の流れの中で、発注者の要求を具現化し（設計）、それを実際の形にしていく（施工）ためには、適切な情報伝達が必要となる。

設計内容は設計者によって設計図書としてまとめられる。さらに、その内容を正しく工事するために施工者サイドで施工図書が作成される。つまり、前者が建物の完成状態を示しているとすれば、後者は建物づくりに必要な情報を示しており、それぞれの工事に必要な情報が建築プロジェクトの過程で抽出・生成されていく。

監理業務と管理業務

図書だけでなく情報確認・伝達のためには、それをコントロール・マネジメントする主体が必要である。自らが設計した内容が設計図書通りに工事されているかの確認業務を、建築士法では工事監理と呼ぶ。これに加え、設計意図を施工者に正しく伝える業務や施工計画を検討し助言する業務などを含む場合もある。一方、施工管理は設計図書から施工に用いる図面を作成し、工事を担う専門の職種を選定し、適切な品質の施工が行われるように統括管理する業務を指す［表1］。

設計図・施工図・総合図・BIM

図1aの意匠図はマンション住戸の形状や基本寸法や機器の形状、使用材料などの情報を設計者が示したものであり、それを鉄筋コンクリートで施工するために施工管理者が描いたものが同図bのコンクリート施工図である。このように、立場によって表現すべき内容も異なっている。

設計図は意匠図、構造図、設備図に分けて作成されるのが一般的である。特に建築と設備の情報を一元化し、施工段階での業種間の調整を図ることを目的とした総合図（生産設計図、プロット図）を作成することが多い［図2］。現在では複雑・多様で規模の大きな建物に対応するために、BIM（3次元建物情報モデル）が活用されている。

表1 | 工事監理と施工管理の違い

工事監理	施工管理
主体　建築士法による建築士	主体　施工会社の主任技術者(現場監督)
主な業務 ・設計図書通りに施工が進んでいるか確認する ・図面だけでは伝わらない内容の伝達 ・工事現場との打ち合わせや指示 ・建築主への報告	主な業務 ・工程管理(工程計画や施工順序の検討、職人の手配) ・資材管理(使用材料の発注や管理) ・安全衛生管理(作業員、周辺住民への安全確保) ・コスト管理(材料費、人件費等の原価管理)

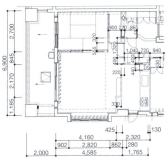

a) 意匠図　　　　　　　　　　b) コンクリート施工図

図1 | 設計と施工を結びつける図書の例

S=1:250

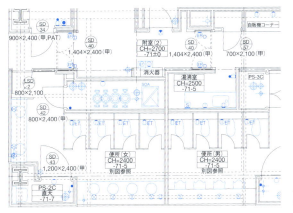

この例は、意匠図と構造図を示した平面図上に、各種設備の系統、機器の品番等を示している。建築と設備との干渉状況がわかるようになっている

―― 建築
―― 設備
(電気・衛生・空調)

図2 | 総合図の例

S=1:150

04 | 設計・施工主体の選定

設計施工分離方式と設計施工一括方式

建築プロジェクトの設計と施工を担う専門家は、それぞれ異なる。そのため、公共建築の発注者は設計業務委託契約と工事請負契約を別の主体と結ぶことが基本である。その際、発注者は、設計者と設計業務委託契約を、施工者と工事請負契約を結ぶことになる。こうした生産方式を、設計施工分離方式［図1｜表1］という。

一方、わが国では契約の簡易化が図りやすく、独自の施工技術を設計に反映できることなどから、民間建築では総合工事業者に設計、施工を一括して発注することが多い。これを設計施工一括方式（デザインビルド方式）［図2｜表1］という。

—

設計・施工者の選定方式

設計者を選ぶ方法には、競争的方法と非競争的方法がある［表2］。一般的に競争的方法では、競争参加者に費用や手間などがかかる。そのため、小規模な工事の場合や工事が容易なものでは、非競争的方法が採られることが多い。

施工者選定の方式では、現在は工事価格の多寡によって決める一般競争入札方式を採ることが一般的である。その他に、競争入札参加資格者名簿から工事の規模、地域特性、施工能力などに応じて10社程度を指名し、その中で競争する指名競争入札方式というものがある。また、これまでの実績から1社に絞り契約を結ぶ特命契約方式もある。この方式は民間工事では多く見られるが、公共工事では災害応急対策などの緊急性の高い工事や特殊工法を採用する場合などに限られる。

—

価格のみにこだわらない選定方式

価格のみの競争は、価格競争が激化してしまい、その結果、低価格の無責任入札や手抜き工事が起こる可能性が大きい。施工者の技術力や企業の経営安定性などの評価から施工者選定を行う総合評価落札方式というものがある。

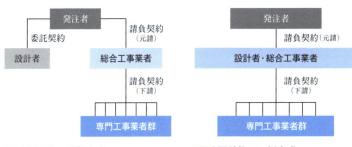

図1｜設計施工分離方式

図2｜設計施工一括方式

表1｜設計施工分離／一括方式による長所と短所

	設計施工分離方式	設計施工一括方式
長所	・設計仕様を確認しながら発注図書を作成するため発注者が求める仕様を確保しやすい ・施工だけに対応できる工事業者が多いので、工事業者の競争を通じて工事価格の低減が図れる可能性が高い ・工区・工種別の分離発注ができる	・設計・施工を同一企業に発注するため、独自の技術や工法等を設計に反映できる ・設計内容を熟知したものが施工を行うので、工期短縮、コスト縮減効果が期待できる ・事業の早期段階で施工者を決めるため、工事入札段階での不調リスクが低減される
短所	・設計・施工を別々の企業へ発注するため、連携した技術の採用やコスト縮減は難しい ・施工企業独自の技術やノウハウを設計、施工に活かせない	・設計と施工を同一企業へ発注するため、チェック機能が働きにくくなる ・設計前の性能発注となるため、発注者が求める性能・仕様を確保する工夫が必要

表2｜設計者選定方式の概要と特徴

	選定方式	評価項目	概要	特徴
非競争	特命契約方式	実績	発注者が自らの見識と責任において直接指名する	・建設初期段階から協働体制で設計を進めることができる ・実績の少ない設計者には受注の機会が少ない
競争	競争入札方式	金額	設計料の多寡によって決定する	・経費および時間的短縮が図れる ・低価格入札の場合、質の低下を招く恐れがある
	コンペ方式	設計案	設計条件を与え、設計案を選ぶ	・複数の設計案を見て選定できる ・労力・経費・時間の負担が大きい
	プロポーザル方式	実績 企画提案	目的に合致した企画の提案から選ぶ	・発注者と協働体制で設計を進めることができる ・審査に公平性・透明性・客観性が求められる
	資質評価方式	実績	資質説明書とインタビューからを選ぶ	・応募者の負担が少ない ・優秀な若い人材を発掘しにくい

05 | 設計と施工の統合

設計施工統合に対する発注者側のアプローチ

　発注者から見た場合、通常の設計施工一括方式には、発注手間を減らせるという利点がある一方で、設計施工分離方式に比べて品質やコストの透明性が低下するという欠点がある。そのため、こうした欠点を補いつつ設計施工一括方式の利点を生かせる発注方式として**性能発注**という取り組みも行われている。

　図1に示すように、仕様書と実施設計図に基づく**仕様発注**では、実施設計が完了しないと発注を行えないのに対し、性能発注では建物の形状や材料等を決めずに、建物や材料に求められる性能を設定して発注を行う。こうした発注によって、設計・施工者側は積極的な提案を盛り込むことが可能になり、発注者側の満足度も高まることになる。

　性能発注を行うためには発注者自身が、施工者を選定する以前の基本計画・基本設計の段階で、コストなどに関わる与条件を決めておく必要が

ある。発注者が持つ条件を整理し、それに設計者・施工者の提案を盛り込む作業を繰り返すことで、発注者が求める建築が出来上がることになる。

後続業務のフロントローディング

　従来の設計施工一括方式では、設計業務が施工業務の付帯サービスに過ぎないことも少なくなかった。しかし、近年は後続業務のフロントローディングという観点から両業務の積極的な統合も進められている。例えば、**図2**に示すような設計と施工を同時進行させる業務フローを提案することによって工期短縮を図った公共工事も現れている。

　実際、設計施工一括方式ではRC造躯体のPCa化や工業化製品の採用などを進めやすい。つまり、設計段階において生産に有利な構工法を選定したり施工手順を決定するなどして、品質や工程、原価などを総合的に検討することが設計施工分離方式よりも容易になる。

| 設計施工分離
(仕様発注型) | 企画 | 基本設計 | 実施設計 | 施工 |

設計事務所が作成した実施設計図と仕様書をもとに建設会社に発注をかけるため、発注者にとっては実施設計が終わるまで、建設費や工期の見通しがつきにくい

| 設計施工一括
(一般型) | 企画 | 基本設計 | 実施設計 | 施工 |

発注者の調整業務は軽減できるが、金額の根拠が発注者から見えにくいこともある

| 設計施工一括
(性能発注型) | 基本計画
基本設計 | 実施設計 | 施工 |

発注者が要求した品質やコスト、期間で実現できるように発注条件を整理し、建築技術者の提案の自由度を残したかたちで発注することで、建設コストや工期を早い段階で確定できる

発注者　設計者　施工者

図1 | 発注方式の違いによる設計と施工の統合

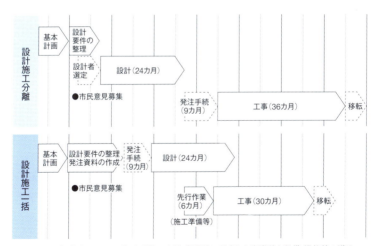

分離発注、一括発注について、①耐震性の確保、②環境に配慮した先進的な設備・機能等の導入、③工事期間の短縮、④建設コストやライフサイクルコストの縮減、⑤地域経済の活性化から比較検討を行い、①−④で評価の高い、設計施工一括発注方式を採用した

(横浜市新市庁舎移転新築工事計画)

図2 | 発注方式別のスケジュールの検討例

06 建築プロジェクトの発注業務における支援

建築プロジェクトにおけるマネジメント

従来、設計は設計事務所が、施工は大手建設会社や工務店などが業務をマネジメントしていた。しかし、発注者の役割などに関する領域については、はっきりとしたマネジメント主体が存在しておらず、相互信頼や長期的取引関係に依存した、あいまいなマネジメントが行われていた。

もちろん、設計施工分離方式では設計事務所が、設計施工一括方式では建設会社が発注者を支援してきた。しかし、設計と施工のそれぞれの領域で分業化が進み、発注者に対する支援機能が低下した結果、発注業務を支援する新たな業務と職能が求められるようになった。つまり、従来の職能のみでプロジェクトを進めるのではなく、プロジェクト全体を発注者に代わって統括する新たなマネジメント主体が現れるようになった。

—

PMとCM

発注者(施主)の代わりに、多種多様な主体が参画するプロジェクト全体を、当初の目標通りに完成させるために、人・物・金・時間などを計画立案・組織化し、調整、統制などを行うことをプロジェクトマネジメント(PM)という。その業務を担うプロジェクトマネジャーは、発注者自らが行うべき仕事に対して、プロジェクトの企画・設計から施工管理・維持保全までの幅広い業務範囲を担う[図1]。

一方、コンストラクションマネジメント(CM)とは、プロジェクトの品質、工程、コストなどを当初の目標通りに実施するためのマネジメントをいう。工事遅延、予算超過を防止するための主体をコンストラクションマネジャーと呼び、発注者、設計者と一体となってプロジェクト全般を運営管理する。こうしたマネジメントにより、コストの透明性を増すことや、時間的ロスを最小限にし、経済的な工事の可能性を高めることが可能となる。コンストラクションマネジャーには発注者の立場に立って設計と施工に深く関与することが求められる[図2|図3]。

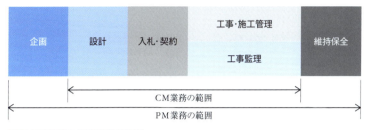

図1 | PM業務とCM業務の関係

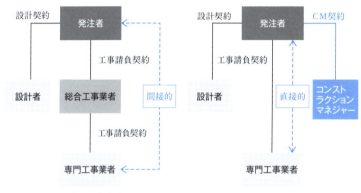

図2 | CM方式の特徴1(専門工事業者に支払うコストの透明性)

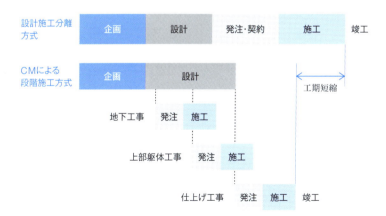

図3 | CM方式の特徴2(段階的な施工による工期の短縮)

07 | 住宅生産の棲み分け

寡占化が進まない日本の住宅市場

工業製品の多くは、市場が拡大すると寡占化が進む。販売・製造量が増えるほど効率の高い生産設備を持てるようになり、価格競争力が高まっていくためである。

しかし、今日の住宅はほとんど工業製品で構成されているにもかかわらず、日本の住宅市場に顕著な寡占化は見られない。年間数万棟を供給する大手住宅メーカーから数棟しかつくらない大工まで、さまざまな規模の供給主体が共存しており[図1]、木造住宅の担い手に限っても全国に3、4万社ほどが存在する状況にある。

―

住宅生産の棲み分けを可能にする要因

こうした棲み分け現象は、需要の多様性、消費行動の社会的傾向、技術的特性という3つの要因から説明されることが多い。実際、戸建住宅を意匠と価格帯から9つに分けてみると、各供給主体がそれぞれ異なる類型で高いシェアを占めていることに気付く。住宅メーカーが洋風住宅で高いシェアを占めているのに対し、大工・工務店は和風住宅で高く、地域ビルダーは中価格帯のシェアが高い[図2]。他方、大都市で働く会社員には地縁がない。そのため、企業が供給する住宅を好む傾向が見られ、こうした需要が大手住宅メーカーの設立当初の成長を支えたことも知られている。しかし、これらは必ずしも決定的な要因ではない。大手住宅メーカーほどさまざまな住宅商品を展開しており、地方の農村などでも強みを発揮しているからである。

つまり住宅生産には、そもそも規模の経済性を阻む技術的特性がある。各供給主体の生産体制を見ると、規模が大きくなるほど業務分化が進行する。しかしその一方で、各種専門工事業者が現場作業を担っていることはどの生産体制にも共通している。つまり今日でも建築技術の基盤は現場作業にあり、それらは日本の木造住宅が培ってきた職種の分業に由来しているのである。

図1｜注文住宅の供給主体の年間供給規模別シェア

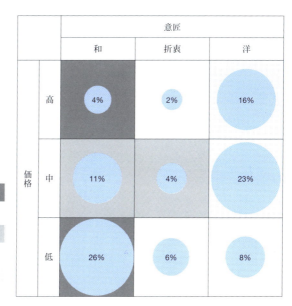

図2｜戸建住宅の意匠・価格分布と住宅供給主体の注力対象

08 分業単位のコントロール

建設現場の工場化

20世紀の住宅づくりのモデルは大量生産方式であった。住宅そのものが自動車のように製造されることはなかったが、大量生産方式の発想が住宅生産に刺激を与え続け、現場作業の刷新に結びついていったことも確かである。

その顕著な例が、1940年代末の米国に建設されたレヴィットタウンである[図1]。この戸建住宅団地では、住宅の作業工程が27種類ほどに分けられ、各作業チームが家から家へと移動することによって、当時の低価格住宅の目安とされた1万ドルより3割も安価な住宅を供給することに成功したのである。

ツーバイフォー構法が注目された70年代初め頃には、日本でもこうした建設方式が実践されることになる。もっとも日本では、建設現場の工場化という発想は戸建住宅には定着せず、むしろ集合住宅などの多工区同期化工法として根付いていく。

多工区同期化工法の考え方

現場作業の工期短縮には工場生産化という手法もある。例えば、浴室回りでは水道やガスの配管工事が防水工事や内装工事と錯綜し、工期を乱す原因になりやすい。浴室ユニットはこうした細切れの作業を1つに統合した建築部品であり、性能の確保だけでなく工期短縮にも大きな貢献をしている。

一方、多工区同期化工法では、現場作業を可能な限り同一時間の細かな工程に分割する。多数の工区が確保されていれば、工程を細分化するほど多くの作業を同時進行できるようになり、全体工期が短縮されるからである[図2]。もちろん、戸建住宅1棟の現場作業を理想的な30工程に分割できたとしても、完成に必要な工期は変わらない。しかし、1棟の工期が120日なら、10棟に増えても全体工期は156日で済み、30棟になったとしても236日で完成できることになる。

レヴィットタウンの住宅1棟を構成する建材・建築部品一式（米国・ロングアイランド、1947年着工）

図1 | 建設現場を工場化したレヴィットタウン

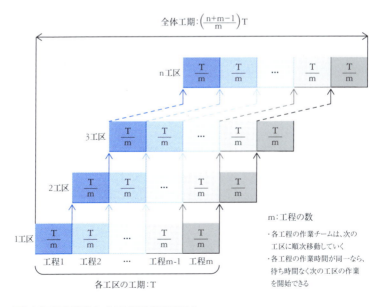

図2 | 多工区同期化による工期短縮の考え方

09 | 職種の分化と統合

新建材や建築部品が促した職種の分化

1960年代から70年代にかけてさまざまな新建材や建築部品が現れた。明治期以降に広まった非木造建物は施工技術を革新したが、それは主に野丁場の出来事であった。一方、高度経済成長期には町場向けの技術開発が盛んになり、木造住宅を担う職種にも大きな変化が生じていく。

例えば、かつての町場のガラス店は木製建具のガラス窓を製作しており、60年代前半にはそれらが木造住宅に普及していた。しかし70年代には、そうしたガラス店が住宅用アルミサッシを扱うようになり、次第に別の職種へと分化していった。また、石こうボードクロス張りの普及に伴って、さまざまな職種がクロス張り作業を行い始め、内装仕上げを全般的に扱う職種も確立していく[図1]。

—

多能工というコンセプト

建築生産の工業化の進展は、建築工事の担い手を分化させる一方で、各種組立作業を総合的に担う**多能工**という職種を要請することにもなった。野丁場の専門工事は**材工一式**の発注が基本である。そのため、工場生産化を進めると新たな職種が必要になり、現場作業の効率化の妨げになってしまうことが問題視されたのである。

実際、木造住宅では材料と職種が一対一に対応しているわけではない。通常の大工は木工事だけでなく、石こうボード張りも行えばアルミサッシ取付けも行う。ところが、野丁場の新築工事の中で、多能工が確立することはなかった。大規模工事の現場作業は、工区分割と作業の細分化によって効率化できるため、新たな職種の育成という長期的な取り組みまでは必要なかったのである。

しかし、今後の野丁場では改修工事の増加が見込まれている。そうした現場作業をどのような職種が担っていくのか、新たな市場環境に対応した**ジョブコーディネーション**が求められ始めている。

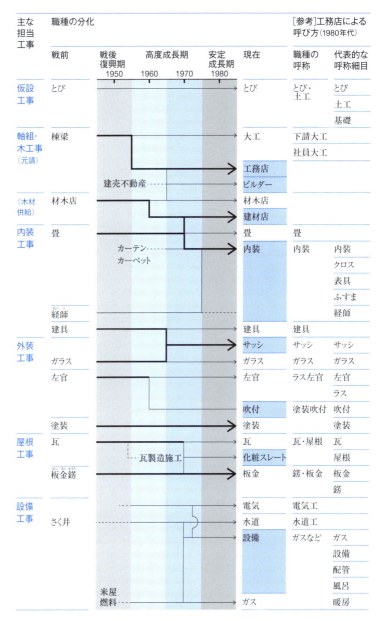

図1｜木造住宅関連の職種の変遷

工事の実施

建物の工事は建設業の中心業務の一つです。
超高層ビルのような大規模工事ともなれば、
ほとんどの専門工事業が集まり、
最盛期の工事現場では1日当たり2,000人を
超える人びとが働くことになります。
本章では、建築工事現場で行われる業務を解説します。
具体的には、管理業務は「コスト管理」と「生産管理」、
現場作業は「工事準備」と「各種工事」に分け、
それぞれの主な内容を確認していきます。

Chapter

5

コスト管理

01 | 工事費のしくみ　　　　　　　　106

02 | コスト管理業務　　　　　　　　108

生産管理

03 | 管理の要点と手法　　　　　　　110

04 | 品質管理と検査　　　　　　　　112

05 | 施工計画と工程管理　　　　　　114

06 | 安全管理　　　　　　　　　　　116

07 | 環境管理　　　　　　　　　　　118

工事準備

08 | 届出と掲示　　　　　　　　　　120

09 | 測量・地盤調査・準備工事　　　122

各種工事

10 | 仮設工事　　　　　　　　　　　124

11 | 土工事・地業・基礎工事　　　　126

12 | 躯体工事　　　　　　　　　　　128

13 | 仕上工事　　　　　　　　　　　130

14 | 設備工事　　　　　　　　　　　132

15 | 解体工事　　　　　　　　　　　134

01 | 工事費のしくみ

積算と見積

設計図書に基づいて必要な材料の数量を把握することを**積算**といい、その数量に単価を乗じて工事費を算出することを**見積**というが、実務上は積算と見積を区別しないことも多い。

精度に違いはあるが、工事費の算出は建築プロジェクトの各段階で必要になる[**図1**]。発注者は企画時の予算策定のために概算し、設計者は設計の各段階で積算して予算内に収めるために調整する。施工者は入札価格を決定する際に工事費を積算し、受注後には施工に向け詳細な**実行予算**を組んでこれを目標に原価管理する。このような積算・見積は維持保全の際にも行われる。

—

積算業務と工事費の構成

積算業務は**図2**に示す流れで行う。**建築工事内訳書**は、工種別内訳書、部分別内訳書、建築改修内訳書のいずれかの標準書式にて作成する。工種別は施工順序に整理され実行予算や原価管理などにも用いるのに対し、部分別は設計時のコストプランニングやVEに使いやすい。なお工種別と部分別は相互変換が可能である。内訳書の作成後、単価を入れて工事費を算出し、工事価格を算定する。

工事費は、建物の施工に必要な**直接工事費**、**共通仮設費**、**現場管理費**と、会社の経費や利益などの**一般管理費**等により構成される[**図3**]。

直接工事費は工事に直接必要な費用で、工事費に占める割合が最も高い。材料費、労務費、運搬費、損料(機械などの償却費)、外注費などで構成され足場や養生などの直接仮設費も含む[**図4**]。ある作業に要する材料や労務などの所要量を**歩掛り**といい、対応する単価を歩掛りに乗じて材料費や労務費などを算出する。

共通仮設費は仮囲いや現場事務所、工事用電気、給排水設備などの費用である。現場管理費とは工事現場の管理運営に必要な人件費や経費などである。共通仮設費や現場管理費、一般管理費は通常、実績データから求めた係数を乗じて算出する。

図1 プロジェクトの各段階と積算・見積

図2 建築積算業務の流れ

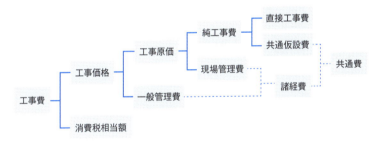

図3 工事費の構成

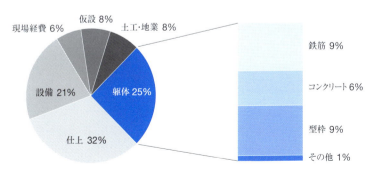

図4 RC造分譲マンションの工事費構成の例

02 | コスト管理業務

費用対効果の最大化を図るコスト管理

建築生産のコストは他の消費財に比べて高額であり、一品生産・注文生産が多いため、設計の内容や資材価格、労務費などにより大きく変動する。したがって、発注者、設計者、施工者が行うコスト管理は非常に重要な役割を果たす。

プロジェクトの費用対効果の最大化を図るため、建物の価値を高めつつコストを低減するコスト管理が、企画・設計・施工・維持保全の各段階で行われる。コスト管理とは、建物に関するさまざまなコストを予測・分析してコスト計画を立てる**コストプランニング**と、計画通りに進行しているかを各段階で確認・調整する**コストコントロール**を統合的に進めることである。

コスト管理においてもPDCAサイクルを適用することが業務の改善に有効である。また、コスト管理技術として、**VE**（Value Engineering）や**LCC**（Life Cycle Cost［P.148］）、統計的管理手法などが活用される。

価値向上を図るVE

製品やサービスの価値を、それが果たすべき機能とコストとの関係で把握し、システム化された手順によって価値の向上を図る手法をVEという。VEによる価値向上のパターンは4つある。コストダウンとは異なり、VEは基本的に機能低下を伴わない［**図1**］。

建築分野でも、建物に要求される機能を分析し、それを実現しながら建物のLCCを最小化するVEの導入が広がりつつある。VEは設計・入札・契約後の各段階で導入し得るが、その導入効果が高いのは設計段階といわれる［**図2**｜**表1**］。

公共工事では設計・施工分離方式が一般的なため、設計段階でのVEを実施しにくかった。近年の公共工事では、設計段階から施工者が参画して、施工の実施を前提として設計に対する技術協力を行う**ECI**（Early Contract Involvement）**方式**と呼ばれる契約方式が導入され、コストの縮減が図られている。

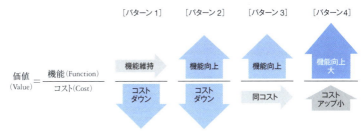

図1｜価値向上のパターン

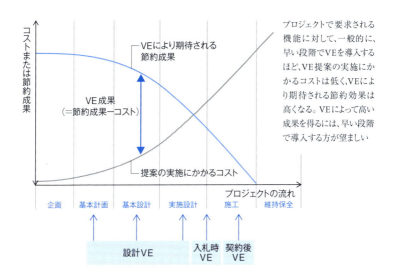

図2｜プロジェクトの各段階におけるVE活用の潜在的なコストと節約成果のイメージ

表1｜VE導入段階の違いとその内容

導入段階	運用形態	内容
設計段階	設計段階における VE改善案［設計改善型］	原設計に対してVEチームがコストコントロールおよび設計改善案の手段として活用する
入札段階	VE提案付入札 ［技術競争型］	原設計に対して入札者が改善案の検討を行い、その内容を盛り込んだ金額で応札する
契約後	VE奨励条項付発注 ［施工コスト節減型］	契約時の設計図書をもとに受注者が改善案を検討、提案する。受注者には節減額に応じた額が報奨として還元される

03 管理の要点と手法

管理の5大要点「QCDSE」

建物の工事はさまざまな各種工事によって構成され、それぞれ専門の現場作業者が施工するため、工事を円滑に進めるための管理が重要である。一般に製造業の生産管理で必要不可欠とされるのは品質（Quality）・コスト（Cost）・工程（Delivery / Duration）であり、これらの頭文字をとってQCDという。建設業においては従来、これに安全（Safety）を加えたQCDSが重要とされており、近年ではさらに環境（Environment）を加えたQCDSEを管理の5大要点としている[**表1**]。

これらの項目は相互に関連性があり、例えば品質・コスト・工程は一般的に**図1**の関係にある。a）のように品質が良くなればコストは高くなり、b）のように施工のスピードを上げると品質は悪くなる。また、c）のように施工のスピードをある程度上げるとコストは安くなるが、短期間で一気に仕上げる突貫工事をすると逆にコストは高くなる。よって、これらの項目をバランスよく管理し、求められる品質と工程を満たしつつ経済的に、安全にかつ環境に配慮して工事を進めることが必要である。

PDCAサイクルによる改善

管理業務では、まず計画や目標を設定（Plan）して実行（Do）し、その達成度を評価（Check）して対策を講じ（Act）、次の計画につなげていくというサイクルを繰り返し回すことが重要である。このサイクルにより、継続的に改善を進める管理手法のことを、その4つの手順の頭文字をとって**PDCAサイクル**という[**図2**]。

PDCAサイクルは、1950年代に品質管理の基本的な考え方としてW. E.デミングにより提唱され、幅広い業種で普及した。現在では国際標準化機構（ISO）が定めた品質マネジメントシステム規格である**ISO9001**や環境マネジメントシステム規格である**ISO14001**でも用いられている。国内の建設会社や住宅メーカー、建材・設備メーカーの多くもこれらのISOマネジメントシステムの認証を取得している。

表1 | 建設業における管理の5大要点

項目		内容
① 品質	(Quality)	設計図書で要求された品質や性能の建物をつくる
② コスト	(Cost)	コストの低減を図り、経済的に建物をつくる
③ 工程	(Delivery / Duration)	工期以内に工事を完了して建物を発注者へ引き渡す
④ 安全	(Safety)	作業時の安全性を確保して事故を防止する
⑤ 環境	(Environment)	周辺環境および地球環境に配慮する

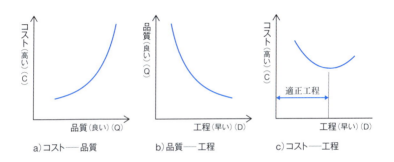

a) コスト―品質   b) 品質―工程   c) コスト―工程

図1 | コスト・品質・工程の一般的関係

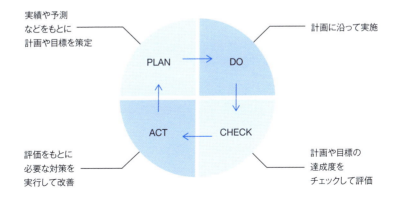

図2 | PDCAサイクル

04 品質管理と検査

品質管理の発展とその手法

日本の建設業では、高度経済成長期には品質よりも経済性や生産性が重視されたため、不良や欠陥が多発した。そこで品質確保のため、1970年代後半から、現場からのボトムアップによる品質管理を組織全体で行う総合品質管理（TQC：Total Quality Control）が導入された。そして、この手法を経営全体に適用し、経営戦略をトップダウンにより組織全体で展開する総合品質経営（TQM：Total Quality Management）が行われるようになった。

その後、品質保証を通じて顧客満足を向上させる品質マネジメントシステム規格のISO9001が87年に制定され、公共工事の入札などに活用されるようになると、この認証を取得する建設業者が増加した。

品質管理のため統計的手法によりデータを収集・分析することを統計的品質管理といい、代表的な手法にQC7つ道具がある[表1]。図1は低スランプコンクリートの打設上の問題点に関する特性要因図、図2は補償工事に関するパレート図の例である。

行政による審査と検査

建築基準法は、行政が建物の安全性などを確認するための審査や検査を定めている[図3]。建物を建てる際には建築確認（その計画が建築基準法などの規定に適合するか事前に審査）し、工事完了時には完了検査をする。特定行政庁が指定した建築物では、特定工程が完了した時点で中間検査をする。審査や検査は建築主事や民間の指定確認検査機関が実施する。

住宅品質確保法

99年には住宅品質確保法が制定された。この法律では、設計図書と建設工事・完成段階について、10分野の性能に関して第三者機関が客観的に評価し表示する住宅性能表示制度[図4]や、あるべき性能や品質が確保されていない場合に補修や損害賠償をする瑕疵担保責任の特例などについて定めている。

表1 | QC7つ道具

特性要因図	結果(特性)に対する原因(要因)の関係を、矢印を使い体系づけて整理した図
パレート図	不良、クレームなどの件数や損失金額を原因別・状況別に分類して数値の大きい順に並べ、棒グラフと累積曲線にしたもの
層別	データの特徴に着目しいくつかのグループ(層)に分けてデータを解析し、層による違いを調べる考え方
チェックシート	現場でデータを収集しやすいように、あらかじめデータを記入する枠や項目名などを書き込んだ用紙
ヒストグラム	ばらつきを持つ量的なデータについて全体の正しい姿を把握するために、区間ごとの出現度数に比例した面積の柱を並べた図
散布図	対応した2つの変量の関係を調べるために、データを打点して視覚的に表した図
管理図／グラフ	時系列データを表したグラフに、中心線と上部・下部管理限界線を加えたもの

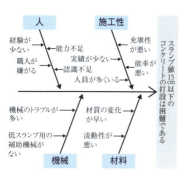

図1 | 特性要因図の例

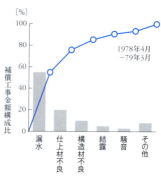

図2 | パレート図の例

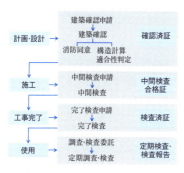

図3 | 建築確認・検査のフロー

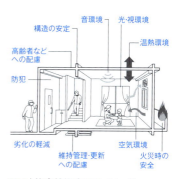

図4 | 住宅性能表示のイメージ

05 | 施工計画と工程管理

施工計画

　施工計画の基本的な流れを**図1**に示す。施工者は、設計図書に基づいて、品質・コスト・工程・安全・環境の視点から十分に検討して計画を立案し、**施工計画書**を作成して監理者に提出する。

　施工計画書の作成では、仮設物や機械・工具の配置、施工体制と作業者の人数、資材の数量と搬入、施工管理計画、施工順序、施工方法などについて検討し、工法計画を立てる。

　建築工事は、準備工事、土・地業・基礎工事、躯体工事、仕上工事、外構工事の順に進められ、この一連の工事の間に仮設工事と設備工事が入る。工程計画では、これらの工程におけるマイルストーン（進捗管理に重要な区切り）を明確にする。工程計画には全体工期を各工程に割り当てる割付方式と、各工程の作業内容から所要日数を算定し全体へと積み上げる積上方式があり、割付と積上の整合性をとるのが重要である。

工程管理と工程表

　工程管理によく用いられるのはバーチャート工程表とネットワーク工程表である。**バーチャート工程表**は、縦軸に作業、横軸に時間をとり、各作業期間を横棒線で表したもので、各作業日程が一覧でわかりやすい。**ネットワーク工程表**は作業の順序を表したもので、作業の相互関係がわかりやすい。日本で一般的なアロー型は、縦軸に階数、横軸に時間をとり、矢印が作業の順序関係と時間を表す[**図2**]。

　工程の開始から終了に至る所要日数が最も長い作業経路を**クリティカルパス**という。工事全体のスケジュールを左右する作業経路であり、遅れると工期に影響するため、その管理が重要である。一般には、土工事・地業・基礎工事と各階の躯体工事、最上階の仕上工事をたどる経路がクリティカルパスになることが多い。工事の進捗度の把握に用いられる**出来高曲線**は、縦軸に出来高、横軸に時間をとったもので、バナナ曲線とも呼ばれる。

事前調査	敷地や近隣の状況調査、地盤調査、設計図書の確認など
基本方針の策定	施工方法や施工順序について技術やコスト面などから検討
工法計画	施工方法を決定して施工機械や工事用施設について検討
工程表の作成	施工順序や作業量、作業速度より工程を割付け工期を算出
調達計画	労務、機械、資材などの調達・使用・輸送について計画
管理計画	現場管理組織、実行予算編成、安全・品質・環境管理計画

図1│施工計画の基本フロー

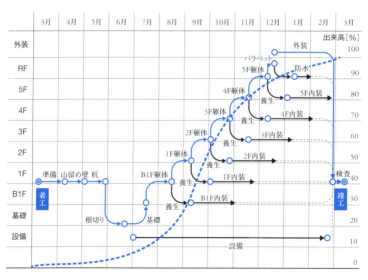

図2│ネットワーク工程表による全体工程模式図

06 安全管理

建設業の労働災害

建設業における労働災害の多さ[図1]から、1980年に労働安全衛生法が改正され、建設工事の計画における安全性や建設現場の安全対策に関する規定が設けられた。その後、建設業の労働災害は減少傾向にあるものの、現在も死傷者数は全産業の2割程度、死亡者数は約3割を占める。

墜落・転落災害、建設機械・クレーン等災害、倒壊・崩壊災害を建設業の三大災害という。建設業における労働災害による死亡者数の約4割を建築工事が占め、中でも墜落によるものが特に多い。また、若年層や現場入場初期の被災率が高く、新規入場者への安全教育が重要である。

現場における安全管理

工事現場は高所作業や建設機械を用いた危険作業が多いこと、天候等の影響を受けること、現場ごとに工法や設備、管理体制が異なること、多数の業者が混在して作業を進め、短期間で作業内容が変化することなどから、安全管理が非常に重要である。安全管理には、元請業者が行う統括管理と、元請・下請業者が共同で行う日常管理がある。統括管理については労働安全衛生法で、常時使用する労務者が50人以上の場合は総括安全衛生責任者を選任することや、元請業者が安全衛生協議会などの協議組織を設置・運営することなどを定めている[表1]。日常管理としては、朝礼や打ち合わせをはじめ、施工と安全管理が一体となった安全施工サイクル[図2]を日々実施する。

また、表2に示すような危険な作業を行うときは技能講習を修了した作業主任者を選任し、建設機械の運転や玉掛け、ガス溶接などの業務には各種の免許取得者や技能講習・特別教育修了者が従事する。

なお、建設業の労災保険では、現場ごとに元請業者と各下請業者を一体とみなし、現場を一つの事業体として扱う。加入手続きは原則元請業者が行い、これにより、現場全体の労働者の労災が補償される。

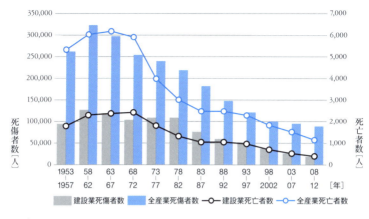

図1 | 建築業における労働災害の発生状況

表1 | 労働災害防止のために元請業者が行う措置

協議組織の設置および運営
作業間の連絡および調整
作業場所の巡視
教育に対する指導および援助
工程計画・機械設備配置計画の作成
協力会社が講ずべき措置についての指導
クレーン等の運転についての合図の統一
事故現場等の標識の統一等
有機溶剤等容器の集積箇所の統一
警報の統一等
避難等の訓練の実施方法等の統一
事業開始報告

＊労働安全衛生規則による

図2 | 安全施工サイクル

表2 | 作業主任者の選任を要する主な作業

掘削面の高さが2m以上となる地山の掘削
土止め支保工の切梁・腹起しの取付け・取外し
型枠支保工の組立・解体
吊足場・張出足場・高さ5m以上の足場の組立・解体
高さ5m以上の建築物の鉄骨の組立
軒高5m以上の木造建築物の構造部材の組立

＊労働安全衛生規則による

07 | 環境管理

Chapter 5 | **工事の実施** | 生産管理

環境問題とその対策

日本の環境問題は産業型公害に始まり、その後、都市・生活型公害が顕在化し、やがて広域的・長期的な地球環境問題へと広がっていった。建設業もこのような環境問題の変化に応じて対策を進めてきた。

高度経済成長期の建設ラッシュにおいて騒音・振動・水質汚濁などの建設公害が問題化して各種法規制が定められ、施工者は対策を講じるようになった［**表1**］。大規模な開発事業では環境アセスメントが導入され、事業の環境影響について事前に事業者が調査、予測、評価を行って環境保全措置の検討を行い、それを公表して住民や行政の意見を聴き、よりよい事業計画を作成する仕組みができた。

その後、1970年代のオイルショックを契機に資源・エネルギー問題が顕在化して地球環境への配慮が求められ、また一方で廃棄物の不法投棄の社会問題化を受けて、関連する法制度や政策が整備された。建築分野でも、地球温暖化対策や建設副産物対策、生物多様性の保全などに各事業者が取り組むようになった。

建設工事では、トラックや建設機械の省燃費運転の実施、低騒音・低振動・低燃費型の建設機械の使用［**図1**］、産業廃棄物管理票（マニフェスト）による適正な建設廃棄物管理とリデュース・リユース・リサイクル（3R）［**表2**］、型枠や容器のリユース、有害物質含有廃棄物の適切な処理など、さまざまな対策が行われている。

―

環境管理の手法

96年に制定された環境マネジメントシステム規格のISO14001は、PDCAサイクルによる事業者の経営面での管理手法について定めており、組織の環境目標や具体的な対策の内容・レベルは個々の事業者が自ら決めることとしている。国内の建設会社や住宅メーカーの中には、ISO14001の認証を取得し、環境マネジメントに関する状況をCSR（企業の社会的責任）レポートにて公表するなど、環境経営に積極的な事業者もみられる。

表1 | 建設工事における主な環境対策と関連法規

環境対策	主な関連法規制
低騒音の工法や低騒音型建設機械の選択、遮音施設	騒音規制法(1968年)
工事用排水等の管理、泥水や汚水の排出抑制	下水道法(1958年)、河川法(1964年)、水質汚濁防止法(1970年)
廃棄物の委託処理、マニフェスト管理	廃棄物処理法(1970年)
低振動の工法や低振動型建設機械の選択	振動規制法(1976年)
環境アセスメントの実施	環境影響評価法(1997年)
省燃費運転、省燃費型建設機械の使用	地球温暖化対策法(1998年)
廃棄物の発生抑制、リサイクル、分別解体	建設リサイクル法(2000年)
環境負荷の低減に資する物品の調達	グリーン購入法(2000年)
汚染土壌調査、汚染土壌の浄化や処分対策	土壌汚染対策法(2002年)
石綿含有建材の適切な除去・処理と暴露防止対策	大気汚染防止法(1968年)、石綿障害予防規則(2005年)
フロン、ハロンの回収	オゾン層保護法(1988年)、フロン排出抑制法(2013年)

図1 | 環境に配慮した建設機械の表示ラベルの例

表2 | 建設廃棄物のリサイクル用途の例

廃棄物の種類	リサイクル用途
コンクリートがら	再生路盤材、再生砕石、再生砂など
金属くず	再生金属
廃石こうボード	セメント原料、土壌改良材など
その他がれき類	仮設路盤材など
建設汚泥	改良土など
ガラス陶磁器くず	再生路盤材など
廃塩化ビニル管・継手	再生塩化ビニル管・継手
その他プラスチック類	RPF、セメント生成燃料原料など
木くず	木質ボード、燃料チップ、堆肥など
蛍光灯	ガラスカレット、水銀

08 届出と掲示

関係官公庁への届出

建設工事における品質や安全などを確保するため、さまざまな届出や申請が建築基準法や建設業法、労働安全衛生法などに規定されている［表1］。それぞれ関係官公庁への提出期限が定められており、特に着工前は多くの届出や申請を行うため、工事を円滑に進められるよう迅速な手続が必要である。

また、施工者は建築主や社内外関係者への報告も遅滞なく行い、関係者間での意思疎通を図って施工上のリスクを回避する。

工事現場での掲示

建築確認の済んだ建物の工事に着手するときには、工事現場の見やすい位置に**建築基準法による確認済**の表示板を設置し、工事の責任の所在を明確にするため**建設業の許可票**を掲げる［図1］。

そのほか関連法令規則などに則り、「労災保険関係成立票」「建退共加入者証」「施工体系図」「作業主任者一覧表」などを掲げる。

また、近隣住民向けに工事概要や作業日程、責任者の氏名や連絡先などを掲示するとともに、十分に説明を行う。

建築基準法による確認済	
確認年月日番号	平成　年　月　日第　号
確認済証交付者	
建築主又は築造主氏名	
設計者氏名	
工事監理者氏名	
工事施工者氏名	
工事現場管理者氏名	
建築確認に係るその他の事項	

建設業の許可票				
商号又は名称				
代表者の氏名				
監理主任	技術者の氏名	専任の有無		
	資格名	資格者証交付番号		
一般建設業又は特定建設業の別				
許可を受けた建設業				
許可番号				
許可年月日	平成　年　月　日			

労災保険関係成立票	
保険関係成立年月日	平成　年　月　日
労働保険番号	
工事期間	自　年　月　日 至　年　月　日
事業主の住所氏名	
注文者の氏名	
事業主代理人の氏名	

図1 | 工事現場に掲げる表示板の例

表1 | 建設工事にかかわる各種届出

申請先	種類	備考
都道府県知事	建設業登録	1 都道府県のみ：都道府県知事 2 都道府県以上にわたる：国土交通大臣
	建築工事届	1 都道府県のみ：都道府県知事 2 都道府県以上にわたる：国土交通大臣
	騒音・振動規制法に基づく特定建設作業の届出	作業開始7日前、事務手続きは市町村長
	廃棄物処理法に基づくごみ処理施設の設置届	
	浄化槽設置届	保健所のある市は市長および特定行政庁
	建築物除去届	
	建設リサイクル法の分別解体・再資源化の届出	作業開始7日前
建築主事（指定確認検査機関）	建築物の確認申請書	
	工事完了届	
	昇降機設置使用届	
	建築工事施工計画報告書	
労働基準監督署長	建設工事計画届	着工14日前
	機械等設置届、移転変更届 （型枠支保工・足場・架設通路）	着工30日前
	機械（クレーン、ゴンドラ、エレベーター）などの設置	設置前、原則着工30日前
	特定元方事業開始報告	総括完全衛生責任者等の選任報告を兼ねる
	共同企業体代表者届	
	総括安全衛生管理者、安全・衛生管理者の選任	14日以内に選任して報告
	寄宿舎の設置	着工14日前
	ボイラー設置届	
道路管理者	道路専用許可申請書（跨道構台、仮囲い）	
	沿道掘削願い	
	道路工事施行承認申請書	
消防署	消防用設備等設置届書	
	仮建物防火対象物使用届	
	危険物貯蔵所設置届	
その他（申請先は備考欄参照）	道路使用許可（道路で工事する場合）	警察署長（約5日前）
	水道新設工事の申請	水道局長（30日前）
	電灯、電力の工事申込書	電力会社
	自家用電気工作物設置のための工業計画届書	産業保安監督部長
	工事中の安全上の設置に関する計画届出	特定行政庁
	「電波法」に基づく高層建築物予定工事届	総務大臣（工事着工前）
	航空障害灯及び昼夜障害標識の届出	地方航空局長

09 測量・地盤調査・準備工事

敷地の測量

工事着工の準備として、隣地所有者の立ち会いのもと敷地境界を確認し、道路管理者の立ち会いのもと道路境界を確認して、敷地の形状や大きさの測量を行う。

測量にはいくつかの方法がある[表1]。三角測量は2つの基準点から角度を計測して長さを求める。多角測量は測点までの距離と角度を計測して平面的な距離を計測する。現在、こうした測量にはトータルステーションという測量機器が用いられる[図1]。水準測量はレベルと呼ばれる測量器具で測点に立てた標尺を読み、高さの差を計測する。平板測量は現地で三脚に平板を水平にセットし、測量しながら平面形状を作図する簡便法である。

地盤調査の方法

地盤調査は構造設計や土工事・地業に必要である。ボーリング調査は深い地盤まで掘削しながら標準貫入試験によるN値（地盤の硬軟や締まり具合を表す値）の測定と試料の採取をして柱状図をつくる[図2]。浅い地盤の地耐力は平板載荷試験やスウェーデン式サウンディング試験で求める。平板載荷試験は地盤に設置した厚鋼板に載荷して沈下量を測定し、スウェーデン式サウンディング試験は荷重と回転による貫入量を測定する[表2]。

なお調査に先立ち、地形図や地質図、地盤図などの資料や近隣建物の設計・施工の情報をもとに調査計画を立てる。

準備工事の流れ

着工する際には、発注者と工事監理者の立ち会いのもと、地面に地縄で建物の外壁線をつくり、建物の位置を確認する。これを縄張り（地縄張り）という。また、工事の影響や変動がなく見やすい場所にベンチマーク（BM：基準点）を設ける[図3]。その後、遣り方杭（水杭）と水貫、水糸、墨などを用いて、建物の位置や水平、高さの基準を決定する。これを遣り方という[図4]。木杭の頭は動かさぬよう注意喚起するため、いすか切りにする。

表1 | 主な測量の方法

測量の種類	計測内容	使用する測量器具
三角測量	角度	トランシット／セオドライト
多角測量 (トラバース測量)	角度 平面距離	トータルステーション[図1] (トランシット+鋼製巻尺)
水準測量	高低差	レベル+標尺
平板測量	平面距離	平板測量器具一式

図1 | トータルステーション

表2 | 主な地盤調査の方法

地盤調査の種類	測定内容	測定対象
ボーリング調査	地盤構成や地下水位／土層構成を把握するための試料の採取／ボーリング孔を使用した原位置試験	限定なし
標準貫入試験	地盤の硬軟や締まり具合 土層構成を把握するための試料の採取	砂質土
平板載荷試験	地盤の支持特性や変形特性	載荷面から深さ50cm程度まで
スウェーデン式サウンディング試験	地盤の硬軟や締まり具合 土層構成を判定するための静的貫入抵抗	粘質土

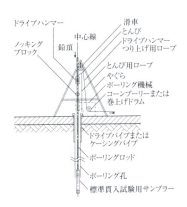

図2 | 標準貫入試験併用ボーリング調査

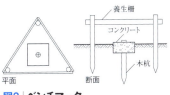

図3 | ベンチマーク

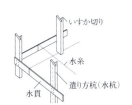

図4 | 遣り方

10 仮設工事

仮設工事の種類

建物の工事に必要となる一時的な施設を設置し、竣工より前に解体・撤去することを仮設工事という[図1]。仮設は、仮囲いや門扉、工事事務所など各種工事に共通して使用され、建物の建設に際し間接的に必要となる共通仮設と、足場や揚重機、構台、安全設備など建物本体を建設するために直接必要な直接仮設に分類される。

仮設工事は、安全かつ経済的な工事の運営に大きな影響を及ぼす。仮囲いや足場、安全設備、揚重設備などの主要な仮設計画は、総合仮設計画図にまとめて図示する。

―

共通仮設工事

木造以外の2階建以上の建物では、工事に先立ち高さ1.8m以上の仮囲いを設ける。また、現場事務所や作業員休憩所、衛生施設、倉庫などの仮設建物を設置する。機械や現場内の照明などに電力を供給する仮設用電気設備、養生や散水などに用いる仮設用給排水設備も設置する。

直接仮設工事

外部足場は躯体工事や外装工事の作業床や通路として用いられ、物の落下や人の墜落防止、粉じん等の飛散防止などの役割も果たす[表1]。高さが1.5mを超える場所で作業を行う場合には、安全に移動するための階段や登り桟橋などを設置する。また安全確保のため作業床や手すり、防網、防護棚(あさがお)、防災設備などを必要に応じ設置する。

作業員や資機材の移動・運搬に用いる揚重機には、タワークレーンや移動式クレーン、工事用エレベーターなどがある。揚重する資機材の重量や形状、敷地条件、作業環境を考慮して揚重機を選定する。

工事用機械、車輌の作業場所を地面上に確保できない場合は乗入れ構台を設置する。また、クレーンなどで荷揚げした材料を受けるために荷受け構台を設置する。

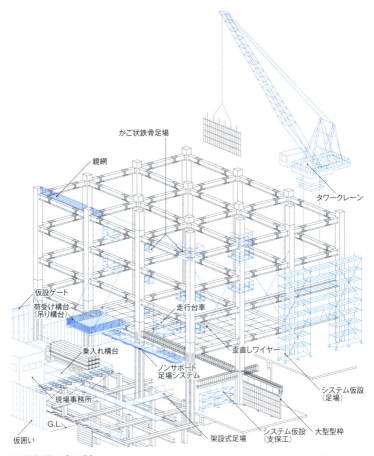

図1 | 仮設工事の例

*仮設部分を青色で示した

表1 | 足場の種類と仕様

種類	壁つなぎ間隔 垂直方向	壁つなぎ間隔 水平方向	作業床 幅	作業床 床材の隙間	安全措置 人の墜落防止	安全措置 物の落下防止
単管足場	5 m	5.5 m	40 cm 以上	3 cm 以下	手すり+中桟	幅木または メッシュシート
枠組足場	9 m	8 m			(交差筋かい)+下桟	
吊り足場	—	—		なし	手すり+中桟	

* 中桟は高さ35-50cmの位置、下桟は高さ15-45cmの位置に設ける
* 床材と建地(支柱)との隙間は12cm未満とする
* 幅木高さは10cm以上とする。ただし交差筋かいでは、下桟と兼ねて15cm以上とする

11 | 土工事・地業・基礎工事

土工事・地業・基礎工事の流れ

　土工事や地業・基礎工事は、完成後は地中で見えなくなる部分ではあるが、建物を支えるための重要な工事である。

　まず地盤を掘削する根切りを行うが、杭基礎の場合には根切りの前に杭工事を行う。根切りが深い場合や土圧が大きい場合には山留めを行って周辺の地盤の崩壊を防ぐ。山留め壁のみで支えられない場合は切梁やアースアンカーなどを設置する。山留めや根切りに伴って発生する地下水や外部からの流入水は、工事や周辺への影響を考慮して排水・止水する。根切りの後、底面を平らに仕上げることを床付けといい、基礎を支えるために地盤に割栗石、砕石、捨てコンクリートなどを設けることを地業という。地業・基礎・地下躯体工事の後、その周辺の空隙に土砂を埋める埋戻しを行う。これらの山留め、排水、根切り、埋戻しなどの作業を総称して土工事という[図1]。

基礎工事

　基礎は、その建物を支えるのに適した地層の深さに応じて、浅い支持層に基礎底面を設置する直接基礎と、深い支持層まで杭を打ち込む杭基礎から選択する。

　杭基礎には既製杭と場所打ちコンクリート杭があり、設計時に建物の荷重や地盤の特性などを考慮して種類を決める。既製杭の施工にはセメントミルク工法がよく用いられる。場所打ち杭は、掘削した杭孔に鉄筋かごを建て込んでコンクリートを打設する[図2]。

　通常、基礎や地下躯体は、山留めして掘削した後に、基礎から順に下から上へと躯体を構築していく。こうした通常の工程とは対照的に、工期短縮のために行う逆打ち工法では、地上と地下の施工を同時進行する。つまり、あらかじめ柱（構真柱）を設置して、これを支えに1階床を施工し、その床を切梁の代わりにして、掘削と地下躯体の構築を行いながら、並行して上部躯体も構築する[図3]。

図1 | 土工事・地業・基礎工事の基本フロー

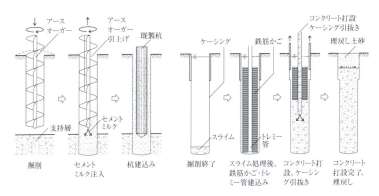

既製杭（例：セメントミルク工法）　　場所打ちコンクリート杭

図2 | 杭の施工手順

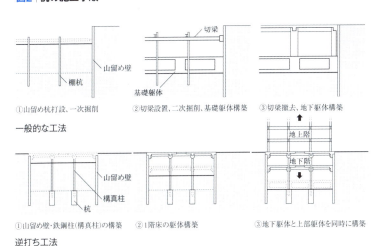

一般的な工法

逆打ち工法

図3 | 基礎・地下躯体の施工手順

12 | 躯体工事

鉄骨工事

鉄骨工事は工場加工と現場加工に分かれる。工場では工作図を作成して設計図書や関連工事、現場加工と照合し、原寸図を作成する。その後、鋼材に切断・曲げ・穴あけなどの加工をして溶接し、柱や梁の形にする。

現場ではアンカーボルトをセットしてベースモルタルを充填する。そしてクレーンで鉄骨を吊り上げ、柱を固定し、梁を架け渡して組み立てる(鉄骨建方[**図1**])。柱の倒れなどを調整(建入れ直し)した後、**高力ボルト締め**や溶接により接合する。これらの作業は鉄骨鳶が担う。

—

鉄筋コンクリート工事

鉄筋コンクリート(RC)造には、工事現場でコンクリートを打設する現場打ちコンクリート造と、工場で製作された壁や床などの鉄筋コンクリート部材を組み立てるプレキャストコンクリート造がある。

現場打ちコンクリート造の鉄筋コンクリート工事は、まず**鉄筋**を適切な間隔で配筋し、**型枠**を組み立てる。そこ

に工場で製造されたレディーミクストコンクリートを打設する[**図2**]。型枠はコンクリートが硬化した後に解体する。これらの作業は鉄筋工、型枠工、鳶土工の躯体三職が担う。

鉄筋コンクリート工事は工期や工事費に占める割合が高く建物全体の品質を高めるために重要である。

—

木工事

木造軸組構法では、現場での作業の前に継手仕口の加工(刻み)を行う。近年は工場での工作機によるプレカットが主流である。現場では土台を敷設し、柱を立て梁などの横架材を設置し、小屋組をつくる(建方[**図3**])。これらの作業は大工が担う。

ツーバイフォー構法(枠組壁工法)の場合は、床の上で壁を組み立てて建て起こして施工し、床の上で作業できるため安全で合理的である。構造用製材でつくった枠組みに構造用合板などを釘打ちして壁、床、屋根を構成する。

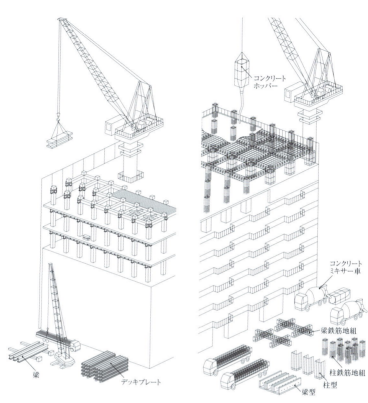

図1 鉄骨建方

図2 鉄筋コンクリート工事

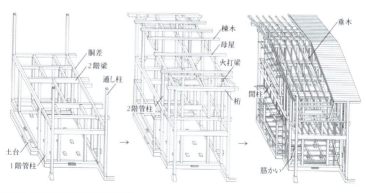

図3 木造軸組構法住宅の建方

13 | 仕上工事

外装工事

外装は人目に触れやすく建物の美観に大きく影響し、また耐久性や耐水性などが特に要求されるため、下地・仕上げ共に精度の高い作業が求められる。外装工事は気象など外部環境の影響を受けやすいため品質管理が難しい。そして、高所作業が多いため足場や落下防止用の安全設備が重要であり、建物外部で作業するため周辺環境への配慮も必要である。

外装工事は基本的に躯体工事が終わってから着手する。しかし、高層の建物では効率的に作業するため、躯体工事が上層階に移った直後から下層階の外装工事に着手するのが一般的である。

外装工事には、屋根、防水、建具、ガラス、カーテンウォール[図1]、タイル、石、吹付塗装[図2]などの種類がある。また、建具と外壁の部材同士の接合部や外壁パネルの目地などには防水性・気密性を保持するためシーリング材を充填する[図3]。

内装工事

内装も外装と同じく人目に触れやすく、建物の居住性に大きく影響するため、やはり精度の高い作業が必要である。内装工事は、屋上階の防水工事や外装の建具・ガラス工事が完了し、風雨の影響が建物内部に及ばなくなってから行う。

内装は材料・工法の種類が多く、さまざまな職種が並行して作業を行うことも多い[図4]。内装工事の期間には現場に入る職人数が最も多くなる。床・壁・天井・建具の各工事の調整が必要であり、また内装工事に並行して設備関連の工事も行われる。そのため作業の錯綜や手戻りのないよう事前によく打ち合わせすると共に、作業の遅延に備え余裕のある日数を確保する。作業順序や着手のタイミング、材料の搬入、機械の使用、部材の取合い部分の納まり、養生などについて十分に計画して管理することが重要である。

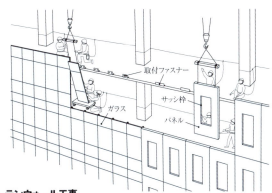

図1｜カーテンウォール工事

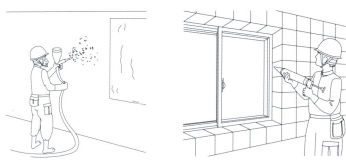

図2｜吹付塗装工事　　**図3｜シーリング工事**

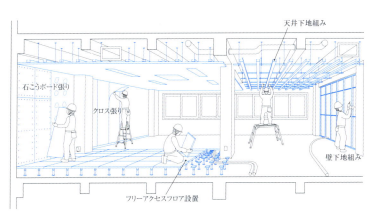

図4｜さまざまな内装工事

14 設備工事

建築設備の重要性

　建物には電気通信や給排水衛生、ガス、空調、防災、昇降機などのさまざまな設備がある。近年、技術の向上や要求性能への対応により建築設備が高度化・複雑化しているため、設備工事が建築工事に占める割合は年々高くなっている。近年では、省エネルギーや省資源の観点から設備の重要度がより高まっており、建物の大型化や多様化などに伴って防災面も重視されている。

—

建築と設備の取り合い

　建物の天井や壁、床の中への配管・配線は、躯体工事や仕上工事に並行して行う。そのため事前に設備機器の配置や配管・配線のルートを図面により把握し、躯体・仕上工事と設備工事とを擦り合わせて施工計画を立てることが重要である。

　RC造や鉄骨造の躯体工事の際には、構造安全性を確認したうえで配管スリーブを設け、空調ダクトなどを吊るためのインサート金物なども設置する。床や壁の中には電線管やコンセントボックスなどを設置しておく［図1］。

　仕上工事の際には、天井を張る前に空調のダクトなどを吊り込み、キッチンや洗面台を取り付ける前に下部の給排水管を設置しておく［図2］。電線などは最後に電線管内を通す。そして、仕上工事の後に照明器具や空調機器、衛生機器など表に出る器具を取り付ける。

—

さまざまな設備工事

　設備工事は普段目にしない場所でも行われる。例えば、建物の地下には給排水のポンプなどをジャッキで吊り下げて設置することがあり、屋上には空調室外機や排気ファン、キュービクル（受変電設備）などをクレーンで吊り上げて設置することもある。

　電気・水道・ガスなどを引き込むため、電気は電柱などから引込線により接続し、給排水やガスは公道の地下に埋設されている上下水道本管やガス本管と接続する工事を行う。

型枠を建て込む際、構造安全性を確認したうえで躯体に配管スリーブを設け、空調ダクトなどを吊るためのインサート金物を設置する

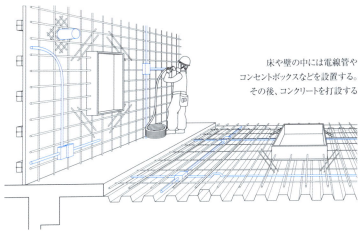

床や壁の中には電線管やコンセントボックスなどを設置する。その後、コンクリートを打設する

図1｜鉄筋コンクリート造の躯体工事に並行して行う設備工事の例

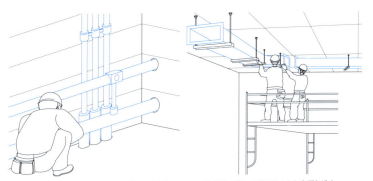

設備機器を取り付ける前に給排水管を設置する　　天井を張る前に空調ダクトなどを吊り込む

図2｜仕上工事に並行して行う設備工事の例

15 解体工事

解体工事の流れとリサイクル

建物の解体は6段階で進められるが、事前調査と工事計画が特に重要である[図1]。事前調査では、解体する建物の状況や有害物質の有無、敷地や周辺、近隣建物の状況、廃棄物の処理方法について調査する。工事計画では、事前調査に基づき施工方法や使用する機械を選定して解体手順を検討し、工程表を作成する。敷地周辺に機械を配置するスペースの有無、建物の高さや形状、振動・騒音・粉じん等の周辺環境への影響などを考慮して最適な工法を選定する。また、廃棄物の搬出や処理、外部養生足場などについても計画する。

建設リサイクル法では、解体工事に要する費用と廃棄物の再資源化等に要する費用を請負契約書に明記することを義務付けている。解体に伴う廃棄物は解体現場で種類ごとに分別し、廃棄物処理施設へ搬出して、建設リサイクル法に則った適正な再資源化や最終処分を行う。

施工手順と工法

石綿(アスベスト)やフロン、PCB(ポリ塩化ビフェニル)などの有害物質含有建材がある場合には適切に除去し、設備機器の撤去や内装を解体してから躯体を解体する[図2]。

建設リサイクル法では再資源化の促進のため建築物の**分別解体**が義務付けられている。そのため設備機器や内装材は手作業で分別しながら解体し[図3]、必要に応じて小型重機などを併用する。

木造の躯体は、解体用つかみ機を用いるか、手作業で解体する。RC造の躯体は、コンクリート圧砕機を用いた圧砕工法で解体することが多く、ほかに大型ブレーカー工法やワイヤソーイング工法などがある。圧砕工法では、地上から解体するか[図4]、もしくは階上に小型の圧砕機を載せて上階から下階へ順次解体を進める階上解体工法によって解体する。鉄骨造の躯体は、鉄骨切断機を用いた機械切断工法とガス切断工法を併用して解体する。

事前調査	解体する建築物の設計図書や増改築の履歴図書を確認／現地調査により建築物や敷地、周辺状況、作業場所、搬出経路等を確認
工事計画	施工方法、準備、仮設、分別解体、廃棄物の再資源化などについて計画／工程表作成、安全確保や環境保全のための対策を検討
積算見積	調査費、解体工事費、収集・運搬費、廃棄物処分費、諸経費などを算出／事前調査や工事計画に基づいて算出
事前措置	解体工事請負契約や廃棄物の処理委託基本契約を締結／各種の許可申請や届出、手配を行い、作業場所や搬出経路を確保
解体施工	工事計画にもとづいて設備機器を撤去し、内装材や躯体を解体／有害物質含有建材を適切に除去し、分別解体作業を実施
廃棄物搬出	廃棄物を分別して集積し、品目別に積載して廃棄物処理施設へ搬出／解体作業や廃棄物の分別、集積の状況に合わせて計画的に搬出

図1 | 建物解体のフロー

図2 | 解体施工の基本フロー

備品等の撤去 → 石綿含有建材の除去 → 可燃性油、フロンの抜き取り、PCB混入機器などの撤去 → 室内外設備機器などの撤去 → 内部建具の解体 → 内装材の解体 → 天井内設備機器などの撤去 → 屋上設備機器などの撤去 → 躯体の解体 → 地中埋設物などの撤去

図3 | 木造の内装解体

図4 | RC造の躯体解体

建築の利用

身近な建物を新たな空間資源へ再編集することが、
建築生産の大きな課題になっています。
本章では、「建築の利用と再生」という課題内容と
その実践に向けた「建築を評価するさまざまな視点」を
確認していきます。建築再生プロジェクトでは、
「建築利用とマネジメント」を十分に考慮した企画を練って
「診断から修繕、改修まで」取り組むことが求められます。
そうした実践上の要点を解説すると共に
「利用の構想力」に支えられた代表例も紹介します。

Chapter

建築の利用と再生

01	建築の再生と新築の違い	138
02	業務領域の広がり	140
03	建築の余剰と 要求水準の上昇	142
04	住宅需要の構造変化	144
05	土地・建物の所有と利用	146
06	建築の長寿命化と ライフサイクルコスト	148

建築を評価するさまざまな視点

07	建築再生の選択肢	150
08	建築再生プロジェクトの収支	152
09	不動産の鑑定	154
10	建築の耐用年数	156
11	建築の耐用性を高めるしくみ	158
12	環境性能の評価	160

建築利用とマネジメント

13	区分所有とマンション管理	162
14	オフィスビルの ファシリティマネジメント	164
15	利用者によるリノベーション	166

診断から修繕、改修まで

16	建物の点検と診断	168
17	修繕工事の典型	170
18	履歴情報	172
19	団地再生	174

利用の構想力

20	リノベーションの多様性	176
21	コンバージョン	178
22	さまざまな事業方式	180

01 建築の再生と新築の違い

リノベーションとは

リノベーションには、「刷新する(革新・更新)／元気を回復させる」という意味があり、建物の修繕・更新を表す用語として、広く建築業界一般で用いられているものである。既存建物に手を加えて、活気づける方法にはさまざまな内容がある。例えば、建築物の性能や機能を初期の水準以上に改善する行為(改修)もリノベーションの一種であるし、また用途を変更し、建築物の活性化を図ろうとする行為(用途変更)も、新築プロジェクトに近い設計や工事が必要になったりするが、リノベーションの一つである。

リノベーションの特徴

リノベーションという行為の特徴は、新築という行為と比較するとわかりやすい。第1に、リノベーションを企画する時点で、既に建物が存在し、かつその所有者・利用者が存在するところが新築と異なる[表1]。建物所有者と建物利用者は、資産価値と利用価値のそれぞれの向上を、リノベーションという行為に期待している。したがって、リノベーションに取り組む際には、そうした価値を高められるような補修や改修を計画しなければならない。例えば、都市の人口減少によって閉校となった中学校を、アートを軸としたコミュニティ施設として利活用し、資産価値、利用価値の向上を目指した事例がある[図1]。

2つ目として、リノベーション実行のために、建物診断が必須になることである。所有者や利用者の不満を解消するには、建築各部の性能等の現状把握が不可欠であり、建築に関する技術的知識が必要となる。

そしてリノベーションの最大の特徴として、明確な事業期間が求められることが挙げられる。実際、建物をどの程度延命していくのかによって、調達すべき資金額は大きく異なり、設計や施工の内容も変わってくる。そのためリノベーションに取り組むチームには、建築だけでなく、資金調達や不動産流通などの専門家も主要なチームメンバーとして加わることになる。

表1 | 各段階におけるリノベーションと新築の方針・考え方の違い

段階	リノベーション	新築
着想	現在ある建築に対する何らかの不満あるいは改善の必要性に基づく →目的がより明確	現存しない建築に対する必要性に基づく
建物診断	建築各部の性能などの現状把握、所有者・利用者の持つ不満や希望の把握	必要なし
企画	事業主の目的を満足する事業内容や工事範囲の明確化 →建築持続性の追求によるニーズの実現	新しい建物の規模・用途の決定
資金計画	既存建物を担保とした資金調達制度未成熟 →資金計画自体が事業の成否を決定づける	各種の融資制度など、新規建物を担保とした事業資金の調達方法は多様
設計	診断結果の分析から、残す部分／変える部分を判断する →改修方法に関する知識、および施工内容・手順を考慮	事業主の意図に基づき、建物配置や各部の寸法など建築物全体の概要を計画・決定する
施工	部分的な解体工事や既存建物を利用しながらの工事などが発生するため、効率を高める職種編成、プレファブ化が必要	施工方針に基づき、施工計画を立て、時系列および工事種目別に管理する

3331 Art Chiyoda 1階平面
改修設計：佐藤慎也＋メジロスタジオ、2010年

1階には、本格的な展覧会を行うメインギャラリーとコミュニティスペース、ラウンジの他、ショップ、カフェなどを設置しており、元の学校の空間をそのまま利用した最小限の改修となっている。
2、3階は普通教室を転用した活動スペースが並び、国内外のさまざまなアーティストやクリエーターが展示するアトリエやギャラリー、オフィスとして利用している。体育館は多目的スペースとして、また屋上グラウンドには体験菜園が設置されている。隣接する練成公園と開かれたデッキ階段でオープンにつなぐことで、地域住民や利用者に親しまれている。

図1 | リノベーションの例（中学校をコミュニティ施設に転用）

旧職員室部分を改造したエントランス

隣接する練成公園と連続するデッキ

コミュニティスペース

02 業務領域の広がり

建築を学んだ学生の進路

図1は、大学・大学院で建築を専攻した学生が卒業・修了後にどのような進路を選択したかを示したものである。上位は「総合建設業」(22%)、「住宅メーカー」(12%)、「設計事務所」(11%)、が占めるが、建築の業務は企画、設計、施工、運用と多岐にわたるため、これら以外の就職先も幅広い。

なお、「その他建築関連」の主な業種は「リフォーム」(3%)や「ビル管理・ハウスメンテナンス」(1%)など、近年需要が増えているものである。また、「他業種」に進む学生も全体の2割近くを占め、その中には「情報IT」(2%)や「金融」(1%)などが含まれる。

―

建築の利用・再生を支える職業

もちろん、これらの業種に属する企業も、多くの場合は多様なスキルの持ち主から構成されている。**表1**は、建築に関わる職業の具体的な例である。

このうちプロパティマネジャーは、建築の利用・再生の場面で求められる職業の一つである。**プロパティマネ**ジメントとは、所有者などに代わり建物の管理・運営を担い、その資産価値を上げていく業務である。不動産の証券化を契機に所有と経営の分離が進んだ1990年代後半以降、投資用不動産の運用を代行するアセットマネジメントと共に、こうした職業が日本でも登場するようになった。現状では、個別の建物からの短期的な収益を追求する業務が主流だが、今後は地域の価値を長期的に維持し、向上させていく**エリアマネジメント**の仕事も社会的に要請されるものと考えられる。

また、発注者のニーズや事業のハードルが新築以上に多様な建築再生では、プロジェクトを具現化する企画という仕事の重みが増す。そのため、豊かなコンセプトを立案する者だけでなく、不動産（流通、土地・建物の権利関係など）やファイナンス（予算の集め方、返済計画など）に精通した専門家の参画がプロジェクトの成否を左右するようになる。

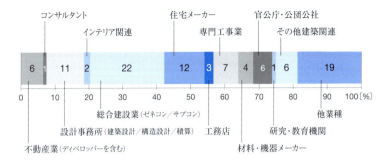

図1 大学・大学院で建築を学んだ学生の進路

＊2009・10年度卒業生合計
［回答総数：4,738］

表1 建築にかかわる職業の例

〈企画・運用〉

都市計画者
ディベロッパー
アセットマネジャー
コンストラクションマネジャー
プロパティマネジャー
ファシリティマネジャー
建築計画者
建築プロデューサー
イベント・空間プロデューサー
福祉住環境コーディネーター
リフォームアドバイザー
政治家

〈設計〉

建築士（ゼネコン・組織事務所の設計部門）
建築家
構造設計者
設備設計者
ファサードエンジニア
工場設計者
ランドスケープアーキテクト
土木デザイナー
照明デザイナー
音響設計・コンサルタント
店舗開発・設計者
インテリアデザイナー
家具デザイナー
キッチンデザイナー
保存・修復建築家
映画美術監督・デザイナー

〈施工〉

建築現場監督
大工
左官職人
庭師
家具職人

〈設計・施工支援〉

コストプランナー（積算・見積）
地質・地盤調査員
CADオペレーター
CG製作者（レンダラー）
ソフトウェア開発者
建築模型制作者
秘書
確認検査員
意匠審査官

〈研究・教育・文化〉

大学・高等専門学校などの研究者
研究員（行政）
研究員（民間）
高等学校教諭
学芸員
建築写真家
建築評論家
新聞記者
建築ライター
編集者

03 建築の余剰と要求水準の上昇

増え続けるストック

住宅ストックの状況は、5年ごとに実施される住宅・土地統計調査で把握することができる。この調査によれば、国内の総住宅数は1968年に総世帯数を上回り、戦後420万戸に及んだ住宅不足が数の上では解消された［図1］。この年は、年間住宅着工戸数が100万戸を突破した節目の年でもある。

その後も新築市場の活況は続いた。住宅数と世帯数の差は開き続け、いまや全住宅の13.5%、820万戸もの住宅が空いている。

高まる要求水準

空き家は古いストックほど多い。それらを今日のニーズに合わせるには、各種性能の向上が求められる。建築基準法などが定める建物の技術基準は、技術の進展や社会の要請、そして災害や事故などの教訓から、時代と共に見直しが図られてきたためである［表1］。

例えば、今日の耐震設計に用いる保有水平耐力などの指標は、宮城県沖地震（78年）の甚大な被害を契機に、81年の建築基準法改正で導入されたものである。この年以降の新耐震基準はそれまでの基準よりも高い耐震性能を求めるようになり、設置すべき耐震壁が大幅に増えることになった。

建築再生と法的適合

こうして、新築時は法令等に適合していたものの、その後の改正で現行の規定を満たさなくなった建物が出てくることになる。いわゆる既存不適格建築物である。

建築基準法などの法令では、改正後の規定が過去にさかのぼり適用されることはない。そのため、こうした建物をそのまま利用しても違法とはならないが、建物に大きく手を加える場合は、耐震改修などを施して現行規定に適合させる必要がある。このことが建築再生を妨げる要因になるケースもあり、近年は一定の緩和措置が講じられている。

すべての都道府県で住宅数が世帯数を上回ったのは1973年のことである

図1 | 世帯数、住宅数、空き家率の推移

表1 | 建築の要求水準に影響を与えた制度の例

分野	年	創設・導入された制度	契機となった災害など
防火避難	1933	百貨店建築規則の制定	白木屋火災(死者14名、1932)
	1959	内装制限規定の創設など (建築基準法)	東京宝塚劇場火災(死者3名、1958)
	1969、70	縦穴区画の創設、避難施設規定の強化、耐火建築物の義務化対象拡大、排煙設備規定新設など (建築基準法)	菊富士ホテル火災(死者30名、1966)、池坊満月城旅館火災(死者30名、1968)
	1973、77	防火区画の規定強化、避難階段の設置義務の強化、工事中の建築物の安全対策強化など (建築基準法)	千日デパートビル火災(死者118名、1972)、大洋デパート火災(死者103名、1973)
構造安全	1971	鉄筋コンクリート造の柱のせん断破壊防止の基準強化など (建築基準法)	十勝沖地震(1968)
	1981	新耐震設計法の導入など (建築基準法)	宮城県沖地震(1978)
省エネ	1979	エネルギーの使用の合理化等に関する法律(省エネ法)の制定	オイルショック(1973、1979)
	2015	建築物のエネルギー消費性能の向上に関する法律(建築省エネ法)	東日本大震災(2011)
その他	1975	アスベスト吹付工事の禁止 (特定化学物質等障害予防規則)	ILO、WHOによるがん原性の指摘(1972)
	2003	シックハウス対策規定の導入 (建築基準法)	シックハウス症候群の社会問題化(1990年代)

04 住宅需要の構造変化

「住宅双六」と夢のマイホーム

現代住宅双六という絵がある[図1]。そこには、郊外の庭付き一戸建てを目指し、単身者向けの賃貸アパートからファミリータイプの賃貸マンションへ、そして分譲マンションへと、家族の成長と共に住まいをステップアップしていく様子が描かれている。

この絵が描かれたのは1970年代初めだが、その後もこうした住み替えシナリオが日本人の住宅観として共有されてきた。実際、旺盛な郊外住宅地開発は高度経済成長期が終わった70年代半ば以降も続いた。国の持家政策の後押しもあり、大都市郊外の居住人口は増え続けたのである[図2]。

住宅需要の多様化

この住宅双六がリアリティを持った当時と今日とでは、住宅需要を取り巻く状況がさまざまな点で異なっている。

まず、世帯のかたちが大きく変わった[図3]。かつては全体の4割を超え、双六のゴールにも描かれた「夫婦と子供からなる世帯」は、いまや3割を切っている。非婚化・晩婚化が進んだ現在、代わりに最も主要となった家族類型は一人暮らしの単独世帯である。

そして、恒常化するデフレーションの中で働き方などの価値観も多様化し、必ずしも新築マイホームの取得にこだわらない世帯が若い世代を中心に増えている。シェアハウスやセルフリノベーション、移住・多拠点居住などは、そうした価値観が生んだ新しい暮らし方である。

このように、今日の住宅需要は、標準世帯という類型では示せなくなっている。空き家の増加や再生・流通市場の出現によって、住宅に対する人びとの志向がさらに変化していく可能性もある。

一方、同時期に同世代が入居した郊外のニュータウンでは、住民の高齢化や空き家化が一斉に起きている。そのため、いわばオールドタウン化した地域をどう次世代に継承していくかも、差し迫った課題になり始めている。

図1 | 現代住宅双六

構成：上田篤、イラスト：久谷政樹

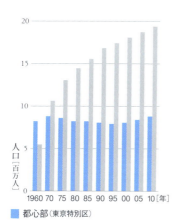

図2 | 首都圏の都心部と郊外の人口

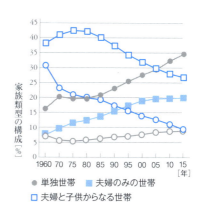

* 調査方法が異なるため1965年のデータは省いた

図3 | 家族類型の変化

05 土地・建物の所有と利用

借地人・借家人の保護

　土地とその上に建つ建物を一体不可分の不動産として扱う欧米諸国とは異なり、日本では、両者を別々の主体が所有できる。そのため、住まいの権利をめぐっては、家主と借家人、地主と借地人などさまざまな対立が生じるが[図1]、その間の力関係は時代と共に変化してきた。

　例えば、日露戦争（1904−05年）後の地価高騰期には、「地代の値上げに応じなければ土地を第三者に売却する」と地主が借地人に脅しをかける地震売買が社会問題化した。当時の借地権は土地所有者が変わると効力を失ったため、このように突然降ってくる不当な要求にも借地人はしたがうしかなかったのである。

　こうした不安定な賃借人の立場を改善するため、1909年に建物保護法、21年には借地法と借家法が制定される[表1]。その後も法整備は進められ、借地人・借家人の権利はいっそう守られていった。

借地・借家の供給の促進

　ところが、「いったん土地を貸したら半永久的に戻らない」と貸し渋りが起こり、その後、借地の新規供給はほとんど見られなくなった。先の三法を改正・一本化した91年の借地借家法において、期間を定めた定期借地権と期限付建物賃貸借（後の定期借家権）が導入されたのは、こうした状況を改め、新しい借地・借家が出てくることを促すためである。

　大局的に見れば、20世紀の日本の住まいは、広さや質に恵まれたマイホームと、それより劣る仮住まいに二極化していった。これまでのところ普及しているとはいえないが、90年代に導入された期限付きの利用権には、この二分法の切り崩しに向けた期待が込められている。そうしたコンセプトに基づくマンションの供給方式に、30年間の借地期間満了後、居住者から地主へと段階的に権利が移行するつくば方式（スケルトン定借）の試みなどがある[表2]。

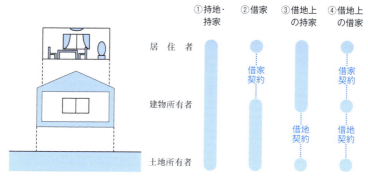

図1｜土地・建物の所有形態

欧米で借地（③④）はほとんど存在しない

表1｜借地・借家に関する法律の主な沿革

年	法律	概要
1898	民法施行	この中の賃貸借一般の規定に借地・借家の契約もしたがった。そのため、不動産賃借権を第三者（新しく入れ替わった所有者など）に主張するには、権利の登記（所有者の同意がいる）が必要だった
1909	建物保護法（建物保護ニ関スル法律）制定	権利の登記がなくても、建物の登記（借地人が独自に行える）があれば、借地権を第三者に主張できるようになった
1921	借地法・借家法制定	借地・借家の当事者間の関係においても、借家の場合は第三者との関係においても、借地人・借家人の権利が強化された
1941	借地法・借家法改正	契約更新の拒絶や解約申し入れの要件に正当事由を追加
1966	借地法・借家法改正	借地非訟事件手続の導入。借地権の譲渡・転貸や増改築・建て替えなどについて、地主の承諾が得られなくても、裁判所が許可を与えられるようになった
1991	借地借家法制定	定期借地権、期限付建物賃貸借の導入

表2｜つくば方式（スケルトン定借）のしくみ

借地期間の30年間	借地期間満了後の30年間	その後
借地上の建物を所有（区分所有）。転売もできる。居住者は地代を地主に支払う（図1の③の状態）	地主が建物構造躯体（スケルトン）を買い取った後（譲渡金はその後の家賃と相殺される）、居住者は内装（インフィル）を持ち続ける（図1の②の状態だが居住者は内装を改修できる）	地主がすべて所有。一般の賃貸住宅となる（図1の②の状態）

06 | 建物の長寿命化とライフサイクルコスト

今日の住宅政策課題

「スクラップ＆ビルド」のフロー型社会から、長期的な豊かさを目指すストック型社会への移行が叫ばれて久しい。2006年に閣議決定された**住生活基本法**も2度の見直しが行われ、長寿命化の方針も新築市場だけではなく、既存住宅の再生・流通を中心に据えた住宅ストック活用型市場への転換が住宅政策としても推し進められている。特にリフォーム・改修などにより、既存住宅をより長く使うことが重要である。実際、住宅寿命の簡易推計値（住宅ストック総数を新築着工数で除した値）[図1]や住宅投資に占める再生投資割合[図2]を見ても、日本の値は欧米諸国に比べて明らかに小さい。

—

建物の維持管理の考え方

持続的発展が可能となる住宅の建設方法と運営方法の確立は急務であるが、建築が誕生してから廃棄されるまで、その性能や機能を保つためにさまざまな維持管理行為が行われる。その際には2つの考え方があり得る。つまり、建物利用者が竣工時の性能・機能水準で満足できるのであれば**維持保全**という考え方が採用される。一方、そうした初期水準では満足が得られない場合には、性能・機能を大きく向上させる**改良保全**という考え方が採用される。したがって、維持管理計画を立案する際には、将来の建物利用のあり方を十分に考慮することが重要になる[図3]。

—

ライフサイクルコスト

建築の誕生から運用・利用段階を経て、最終的に廃棄する段階までに発生する費用の合計を**ライフサイクルコスト**（LCC）と呼ぶ[図4]。生涯費用とも呼ばれ、初期建設費である**イニシャルコスト**と、エネルギー費、保全費、改修・更新費などの**ランニングコスト**で構成される。建物取得までのコストばかりが注目されるが、その割合はLCC全体の2割程度といわれており[図5]、建物の運用・利用段階までを含めたトータルで発生する費用に目を向けることが重要である。

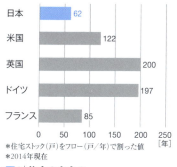

図1 住宅の寿命の簡易推計値*の国際比較

*住宅ストック（戸）をフロー（戸／年）で割った値
*2014年現在

図2 住宅投資*に占める再生投資の割合

*新設住宅投資と再生投資の合計額

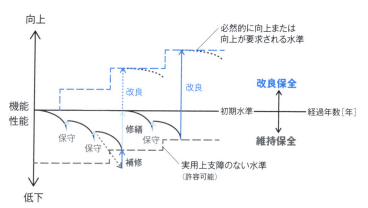

図3 劣化と保全の一般概念図

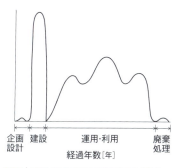

図4 建物の企画から廃棄までに発生する費用（ライフサイクルコスト）

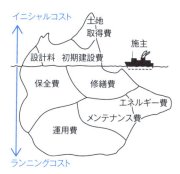

図5 ライフサイクルコストの内訳

07 建築再生の選択肢

建築再生プロジェクトの事業計画

建築再生プロジェクトを実現するためには、事業に関わる計画が必要になる。つまり、対象となる建物の内部要因（建物の老朽化など）と外部要因（地域の変化など）を考慮しながら検討していくが、最終的な判断は**事業計画**に基づいて行われるからである［**図1**］。

事業計画の最も関心の大きな要素として、事業に必要な初期投資額、資金調達方法、建物完成後の収支などの外部要因としての経済性要素があげられる。言い換えると、投資額を何年で回収できるか、借入金を何年で返済できるか、あるいは損益がプラスで常に剰余金が得られるか、といった観点から事業企画が評価されていく。しかし言うまでもなく、本当に建物や地域を魅力的に再生できるかどうかは、提案内容そのものにかかっている。
—

建築再生の選択肢

再生の対象範囲として、建物のすべてなのか一部分なのか、あるいは地域にまで範囲を広げるのかを考える必要がある。次に、どの程度の改善を行うのかを判断する。この判断は既存建物の状態に大きく左右されるが、性能のように定量的に計れるものもあれば、歴史的・文化的価値など定量化が難しいものもある［**表1**］。

さらに、再生後の建物をどのように利用するのかも、建物所有者にとっては大きな関心事である。実際、再生前後の建物利用の違いによって、建物から得られる収益は大きく変化することになる。

建物全体を再生する場合、建物規模を変えることが可能になる。増築する場合、その面積によっては確認申請が必要になり、また容積率がオーバーすることも起こりうるので、安易に行うべきではない。**図2**｜**図3**に示すように、海外では**増築・減築**を伴うダイナミックな建築再生が数多く見られる。日本でも、こうした建築再生によって地域全体の活性化を図るような取り組みが、今後は増えていくと考えられる。

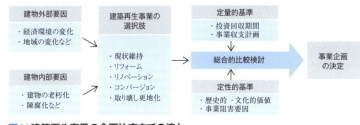

図1 | 建築再生事業の企画決定までの流れ

表1 | 建築再生の選択肢と判断材料

	対象範囲	程度	規模の変化	利用法
選択肢	・建物の一部分 ・建物全体 ・建物を含めた地域	・維持保全 ・補修（性能の回復） ・改修（性能の向上） ・建て替え（再開発） ・保全、修復、復元	・変化なし 　（改装、改築など） ・増築 ・減築	・変化なし ・用途変更 　（コンバージョン）
判断材料	・再生の目的や予算 ・既存建物の状態 ・工事中の利用の有無 ・地域の価値の潜在度	・再生の目的や予算 ・既存建物の状態 ・確認申請の要否 ・歴史的・文化的価値	・確認申請の要否 ・余剰容積の有無	・関連法令への適合度 ・市場の状況（収益物件）

既存状態 1960年代から70年代のマスハウジング期にオランダ・アムステルダム郊外に建設されたベルマミーア団地（最大棟長さ600m、1975年竣工）

減築後 開発当初から画一化された町並みは人気がなく、徐々に荒廃。そこで、92年以降高層住宅の半分以上を撤去し、大規模な再生事業を行った

改修後 2004年の段階で、減築した住棟も改修され、従来の高層棟と新たに建設した低層棟の3つの形態で住区が構成されている

図2 | 集合住宅の再生例1（既存→減築→改修）

オランダ・ロッテルダムの公共賃貸集合住宅

4階建て、2つの階段室を有する合計8住戸の集合住宅であったが、住民の高齢化によりエレベーターの増設が検討された。左図のように、階段室の一部分にエレベーターを増設し、全体を5階建てにしている。建設費用は、一層分増築する住戸の賃料で賄うこととした

図3 | 集合住宅の再生例2（増築）

08 建築再生プロジェクトの収支

事業収支の評価

事業計画の立案の際には、事業収支予測に基づく投資価値を算出し、事業性を評価することが多い。つまり、現状維持、改修、コンバージョン、取り壊し・売却といった各種事業企画の投資価値を求め、歴史的・文化的価値などが特別に認められない場合には、最も投資価値の高い企画を採択する。このように事業性の評価には投資価値の算出が必要になるが、その計算方法は図1に示す通りである。

事業企画ごとに計算式が異なるように見えるが、いずれも投資回収期間に得られる収益からその期間の支出を差し引いているに過ぎない。ただし貨幣価値は時間の経過と共に変化するため、その変化率(割引率)を見込んだ複利計算が図1の計算式には含まれている。

ちなみに貨幣経済の成立以降、長期的には約5%のインフレーションが観察されている。そのため割引率には5%を見込むことが多いが、それ以上のインフレーションが発生している場合には国債の利率を見込むことになる。

簡易な事業性評価方法

図1に示した方法は、建築再生の事業企画を幅広く検討するときの方法である。しかし、事業企画は決まっているが投資額が未決定、あるいは投資額は決まっているが事業としての採算性を検証したいといったことも多い。

このような場合では事業性を簡易に判断する手法がある[図2]。具体的には、再生後の年間収入から年間支出を差し引いた年間純収益に基づき、投資額の回収に何年かかるかという再生投資回収期間を求めて事業性を判断する。図2の例では、資金調達のしやすさやさまざまな事業リスクへの対応のしやすさなどから、投資回収期間が想定事業期間の1/2以内、かつ5年以内であれば、事業が成立するものと判断している。

現状維持	改修
$P1 = Ak + (T-K-S)/(1+i)^n$	$P2 = -Co + Ao + (T-K-S)/(1+i)^n$

コンバージョン（用途変更）	取り壊し後、売却
$P3 = -Cj + Aj + (T-K-S)/(1+i)^n$	$P4 = T-K-S$

P1〜P4	それぞれのケースの投資価値	Aj	コンバージョンを前提とした建物再生投資を行うことにより、再生後n年間に生み出される経済的利益の総和
Co	改修を前提とした再生投資額		
Cj	コンバージョンを前提とした再生投資額	T	建物の土地価格
n	投資回収期間	K	建物解体費用
Ak	n年間に生み出される経済的利益の現在価値に基づく総和	S	立ち退き費用
Ao	改修を前提とした建物再生投資を行うことにより、再生後n年間に生み出される経済的利益の総和	i	割引率

図1｜建築再生に対する投資価値の算出方法　　＊金額はいずれも既存建物の専有面積当たりの額

〈簡易診断の考え方〉

再生投資の事業性の判断　→　⑥ ≦ ② × 1/2 かつ ⑥ ≦ 5年間

① 建物再生投資額
② 再生後の想定事業期間
③ 再生後の想定年間収入
④ 再生後の想定年間支出
⑤ 再生後の年間純収益（= ③ - ④）
⑥ 投資回収期間（= ① ÷ ⑤）

〈診断事例〉

〈設定条件〉
・投資対象面積：300㎡
・再生単価：100千円/坪
・建物再生投資総額：30,000千円——①
・再生後の想定事業期間：10年間——②
・再生後の賃料単価：3.0千円/月・㎡
・入居率：90%
・年間支出：賃料収入の30%と設定
・再生後の年間収入：3.0千円/月・㎡×300㎡×入居率90%×12カ月＝9,720千円——③
・再生後の年間支出：年間収入の30%＝9,720千円×30%＝2,916千円——④
・再生後の年間純収益：年間収入－年間支出＝9,720千円－2,916千円＝6,804千円——⑤

〈事業収支の判断〉
・投資回収期間：30,000千円÷6,804千円/年＝4.4年——⑥
・投資回収期間 ≦ 事業期間×1/2＝5年 かつ 投資回収期間 ≦ 5年
∴ 再生投資は事業的に成立する

図2｜事業性の簡易診断

図1、2は松村秀一編著『建築再生学』（市ヶ谷出版）所収、田村誠邦「建築再生のプロセス——企画段階」を参考に作成

09 不動産の鑑定

鑑定評価の3つの方式

不動産は同一のものがなく、立地や個別の事情に経済価値が左右されるなど、一般の財とは異なる性格を持つ。そのため、**不動産鑑定士**による適切な価格の評価が必要となる。この評価は、不動産取引の場面だけでなく、建築再生プロジェクトの事業性を検討・検証する際などにも用いられる。

不動産の鑑定評価には、①建物の建設や土地の造成などにかかるコストを求める**原価法**、②市場での類似事例の取引価格に基づく**取引事例比較法**、③対象不動産が生み出す収益に着目する**収益還元法**の3方式がある。そして、これらの方式で求められる価格をそれぞれ積算価格、比準価格、収益価格と呼ぶ[**表1**]。

このうち①は供給者側（コストアプローチ）、③は需要者側の観点に立つ価格（インカムアプローチ）、②は需給バランスの上に成り立つ価格（マーケットアプローチ）といえるが、実際の鑑定評価では、対象不動産の類型（「更地」「自用の建物およびその敷地」「借地権付建物」な

ど）に応じて各方式を併用する。

—

不動産鑑定評価制度の歴史

日本における不動産鑑定評価の歴史は明治維新後の地租改正までさかのぼり、その後、不動産担保融資を行う金融機関によりしくみが構築されていった。そして、今日に直接つながる制度が、高度経済成長期の地価高騰を受け、1964年に整備された。この年、不動産鑑定士の資格や業としての鑑定評価について定めた不動産鑑定評価法（不動産の鑑定評価に関する法律）が施行されるとともに、鑑定評価の統一基準である**不動産鑑定評価基準**が制定された。

この評価基準は、時代の変化に合わせてさまざまな改正が加えられてきた[**表2**]。収益性への要請の高まりによる収益還元法の充実（DCF法の導入、エンジニアリングレポートの活用など）は、その代表的なものである。

表1 | 不動産鑑定評価の方式

考え方	方式	内容
コストアプローチ	原価法	対象不動産を再調達する場合に必要となる原価(再調達原価)を割り出し、物理的・機能的・経済的要因による減価修正を加える。こうして求められる試算価格を積算価格と呼ぶ
マーケットアプローチ	取引事例比較法	多数の取引事例を収集した中から適切な事例を選択し、これらに事情補正(売り急ぎ・買い急ぎなど特殊な事情があった場合)、時点修正(価格水準に変動があった場合)、地域要因の格差修正、個別的要因の格差修正を加えた価格を比較考慮して比準価格を求める
インカムアプローチ	収益還元法	対象不動産が将来生み出すと期待される純収益の現在価値の総和(収益価格)を求める。その方法には、①将来の純収益を一定と仮定した直接還元法と、②詳細な事業収支の予測の上に各年度の純収益を求めるDCF (Discount Cash Flow)法とがある

表2 | 不動産鑑定評価基準(1964年制定)の主な改正内容

年	改正内容	背景
1990	・取引事例比較法などの的確な運用 (投機的な事例の排除など) ・収益還元法の積極的活用	・バブル期の地価高騰
2002	・収益還元法の充実(DCF法の導入) ・市場分析の明確化	・収益性の重視
2007	・各論第3章「証券化対象不動産の価格に関する鑑定評価」の新設(DCF法の収益費用項目の統一、エンジニアリングレポートの活用など)	・不動産証券化の進展
2009	・価格等調査を行う場合に依頼者との間で確定すべき事項と成果報告書の記載事項について規定	・鑑定評価の信頼性・透明性確保への要請
2014	・国際評価基準との整合性の向上 ・原価法にかかる規定の見直し (増改築・修繕等の状況の反映) ・事業用不動産に係る規定の充実	・不動産市場の国際化 ・ストック型社会の進展 ・証券化対象不動産の多様化

10 建築の耐用年数

住宅ストックの滅失状況

図1は、1950年代以降に建設された住宅の滅失・残存状況を日米間で比較したものである。米国と比べると日本の住宅の短命さが際立つが、滅失のペースは近年の建物ほど緩やかになっている。また、構造種別に見てみると、これまで取り壊された住宅のほとんどは、70年代までに建てられた木造住宅であることがわかる[**図2**]。
—

建築の耐用性

建物が取り壊される理由はさまざまである。例えば、①部材や材料の劣化によるもののほか、②時代とともに高まる要求水準に建物が応えられなくなるもの[P.142]、③建物を維持していくことの費用対効果が期待できなくなるもの、などもある。これらをそれぞれ①**物理的耐用性**、②**社会的耐用性**、③**経済的耐用性**と呼ぶ。建物の寿命にはこれらが複合的に関わっており、物理的耐用性のみが理由で取り壊しに至るケースはむしろ少ない。
—

建築の寿命と法定耐用年数

建築の寿命と**法定耐用年数**が混同されることがある。しかし後者は、固定資産の**減価償却**の金額を算出するため、便宜的に設定された財務上の数字に過ぎない。減価償却とは、特定の固定資産の取得に要した支出を一定期間かけて少しずつ費用計上する会計手続きの方式である。その期間（「耐用年数」と呼ばれる）は「減価償却資産の耐用年数等に関する省令」により、例えば自己居住用の住宅の場合、木造は22年、RC造は47年などと定められている。

また固定資産税も、制度上、課税の根拠となる建物の評価額が時間とともに下がり、木造は27年、非木造は45年で底をつくよう設定されている[**表1**]。

日本では、これら財務上の便宜的な数字と実際の建築の寿命が混同されることがあり、中古住宅が市場で適正に評価されない背景の一つとなっている。

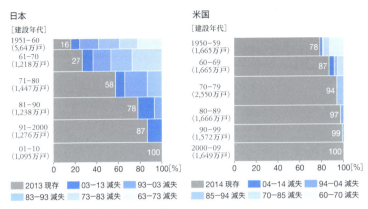

図1 | 住宅の建設年代と減失・残存状況

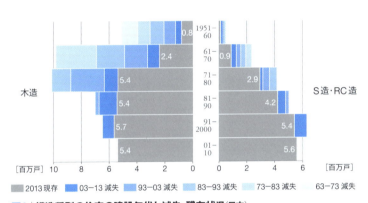

図2 | 構造種別の住宅の建設年代と減失・残存状況（日本）

表1 | 建物の寿命と混同されやすい財務上の数字の例

		木造	S造			RC造
			肉厚3mm以下	肉厚3mm超	肉厚4mm超	
減価償却資産の法定耐用年数（国税庁）	住宅	22年	19年	27年	34年	47年
	事務所	24年	22年	30年	38年	50年
固定資産税評価における最終残価率到達年数*（総務省）		27年	45年			

*「木造家屋経年減点補正率基準表」および「非木造家屋経年減点補正率基準表」から平均値を算出したもの

11 建築の耐用性を高めるしくみ

建築の部分相互のもつれた関係

建築の耐用性が一概に測れないのは[P.156]、建物が多様な部分の集合体としてできているからでもある。例えば、集合住宅でも、構造躯体の物理的な寿命が尽きるより、むしろ設備配管類のメンテナンスや更新がままならず継続利用が困難になることの方が多い。給排水の横引き管を床スラブの中に埋設してしまったり、スラブ下に配管して下階に立ち入らないと点検や交換ができなくなってしまったりする例は、その代表的なものである。

したがって、こうした部分相互のもつれた関係を解きほぐすことが、建築の耐用性を高める上では不可欠となる。

センチュリーハウジングシステム

このような観点から、住宅の総合的な耐用性を高めるための生産・供給・維持管理のあり方を探った取り組みに、建設省（現・国土交通省）が1980年代に研究開発を進めた**センチュリーハウジングシステム**（CHS）がある[**図1**]。そこでは以下の指針が掲げられた

が、このうち④は一般のマンションの**長期修繕計画**にも生かされるなど、今日では多くが常識的な事柄として認識されるようになっている。

①躯体は長期の耐久性を有すること。

②建設後の維持管理にあたり点検が行いやすいこと。

③間取り・内装・設備等が可変性を有すること。

④住戸内の補修・更新・交換・移設が他の部分に影響を与えることなく容易に行えること。そのため各部品の耐用年数を設定して（04型、08型、15型、30型、60型の5つのレベル）、部品相互の影響を検討すること[**表1**]。

⑤このシステムの特徴をまとめた建築図書（住まいのしおり、建築図面など）を整備し、居住者に適切に伝達すること。

⑥以上のことを長期にわたり行うことができること。

図1｜センチュリーハウジングシステムのルール

表1｜センチュリーハウジングシステムにおける部品の寿命想定

型	寿命区分	部品・部材の例
04型	3-6年	電球・パッキング類
08型	6-12年	湯沸かし・家電製品・配管・配線
15型	12-25年	可動間仕切り・造り付け家具
30型	25-50年	外部建具・屋根
60型	50-100年	基礎・主要な柱梁

12 | 環境性能の評価

建築とLCA

建築は人びとに快適な環境を提供する一方、設計から資材製造、新築、運用、改修そして解体に至る長いライフサイクルを通して環境に多くの負荷を与えている。例えば、日本のCO_2排出量のうち約4割は建築関連が占め[図1]、日本の産業廃棄物の約2割は建設業から排出されている[図2]。

製品やサービスのライフサイクルを通じた環境負荷を定量的に評価することをライフサイクルアセスメント（LCA：Life Cycle Assessment）という。1997年にISO14040（LCAの原則と枠組み）という国際規格が設けられると、日本の建築分野でも省エネルギーや資源循環に着目したLCA手法が開発され、建物の環境配慮設計に用いられるようになった。

環境性能評価手法の開発と普及

建築の環境性能評価は、音や温熱環境などの室内環境の評価に始まった。やがて大気汚染や日照阻害など周辺環境に対する影響も環境負荷として評価するようになり、地球環境問題が顕在化した90年代以降は、LCAも取り入れてより幅広い観点からの評価が行われるようになった。近年では、先進国を中心に世界各国で建築の環境性能評価手法が普及してきており、環境配慮設計や環境ラベルにその手法が利用されている。

日本では、「建築環境総合性能評価システム（CASBEE）」が産官学共同プロジェクトにより開発されている[表1]。これは、建物の環境品質（Quality）と環境負荷（Load）をさまざまな項目で採点した結果から建物の環境性能効率（BEE）を総合的に評価してS、A、B^+、B^-、Cの5ランクにランキングするものである。

また一部の地方自治体では、一定規模以上の建物を建てる際に、自治体が定めた基準に則った環境性能評価結果の届出や、その建物の販売広告などに環境性能を示すラベルの表示を義務付けている[図3]。こうした環境性能評価は実務的にも必要性を増し、民間にも広まってきている。

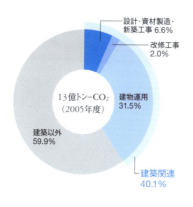

図1 日本のCO_2排出量に占める建築関連の割合

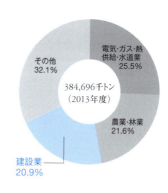

図2 日本の産業廃棄物の業種別排出量

表1 建築環境総合性能評価システム（CASBEE）：建築（既存）の評価項目

建築物の環境負荷低減性に含まれる評価項目		建築物の環境品質に含まれる評価項目	
エネルギー	建物外皮の熱負荷抑制 自然エネルギー利用 設備システムの高効率化 効率的運用（モニタリングなど）	室内環境	音環境（騒音、遮音など） 温熱環境（室温制御など） 光・視環境（昼光利用など） 空気質環境（発生源対策など）
資源・マテリアル	水資源保護（節水など） 非再生性資源の使用量削減 汚染物質含有材料の使用回避	サービス性能	機能性（使いやすさなど） 耐用性・信頼性（耐震など） 対応性・更新性
敷地外環境	地球温暖化への配慮 地球環境への配慮 周辺環境への配慮	室外環境	生物環境の保全 まちなみ・景観への配慮 地域性・アメニティへの配慮

＊それぞれの評価項目について各々設定された採点基準（レベル1～レベル5）にしたがって採点を行う

図3 地方自治体のマンション環境性能表示ラベルの例

13 区分所有とマンション管理

全ストックの1割を超えたマンション

分譲集合住宅、いわゆる「マンション」の供給が本格化し始めたのは、1962年に区分所有法(建物の区分所有等に関する法律)が制定されてからである。以降、建物の部分を所有する権利(区分所有権)が認められ、それを担保に住宅ローンを組むことが可能となった。こうして戸建持家と並ぶマイホームの選択肢となったマンションは、いまや全住宅ストックの1割を超えている。

専有部分と共用部分

区分所有法では、区分所有権の対象となる建物の部分を専有部分、それ以外の部分を共用部分と呼ぶ。後者は区分所有者が全員で共同所有し、管理も管理組合を通じて共同で行う。

専有部分と共用部分の区別は各マンションの管理規約によるが、現実的には明確な線引きが難しい[図1]。そのため、各戸の改修や建物の大規模修繕工事などの際に混乱が生じることも少なくない。

マンション管理の課題

このように、マンションは私有財でもあり共有財でもあるという二面性を持ち、両者の対立が時間とともに管理上の問題として顕在化する。こうした問題が区分所有法の制定時には十分認識されていなかったため、法制度等の整備が順次行われてきた。

例えば83年の区分所有法改正では、管理組合を主体とする管理体制の充実(それまでは管理組合のないマンションも少なくなかった)や、従来の全員一致原則の緩和による合意形成の円滑化などが図られた。

さらに2000年には、マンション管理士の国家資格制度や、マンション管理業者の登録制度などを定めたマンション管理適正化法(マンションの管理の適正化の推進に関する法律)が制定された。同時に打ち出されたマンション管理適正化指針では、管理組合が留意すべき基本事項の一つに、長期修繕計画[表1]の策定と見直しが挙げられている。

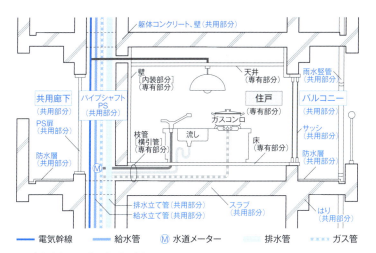

図1 専有部分と共用部分の例　　　　　　　　　　＊共用部分は青色で示した

表1 修繕周期の例　　　　　　　　　　○ メンテナンス　● 取替え・更新

部位	改修対象	修繕周期の目安				
		4年	6年	12年	18年	24年以降
電気	各種電気配線					●
	TVアンテナ			○		●
EV	EV（かご・機器類）					●
ガス	ガス管					●
排水	排水管					●
給水	給水管					●
	受水槽					●
	給水ポンプ類				●	
外壁・開口部	鋼製建具・アルミサッシ					●
	塗装・タイル・シーリング			●		
屋根・床・庇 (防水)	窓庇・階段室庇			●		
	床（共用廊下など）			●		
	屋根（非露出防水）				●	
	屋根（露出防水）			○	●	
鉄部	取替			●		
	塗装	○	○			

14 オフィスビルの ファシリティマネジメント

ファシリティマネジメントとは

1980年代に確立した民間オフィススペースの新たな管理手法を、ファシリティマネジメント（FM）と呼ぶ[**表1**]。

その後、働き方の急速な変化に伴ってオフィスの多様化が進み、さまざまな執務スペースをワークプレイスと呼ぶことが増えてきた。そのため、FMという考え方は、土地・建物を中心としたさまざまな業務用不動産を経営資源として最適な状態に保有・使用・運営・維持することという地点まで広がっており、近年は財政の健全化や住民満足度の向上を図る手法として、公共建築にもFMが導入されている。

—

FM業務の範囲

FMでは土地・建物などの不動産とそれが提供するサービスの両方をマネジメント対象と捉え、「経営レベル」「個々の施設管理レベル」「現場の日常業務レベル」という3つのレベルでマネジメントを展開する[**図1**]。例えば、ホテルの日常業務レベルであれば、顧客に満足してもらえるサービスをファシリティと人が一体となって提供できるようにマネジメントを展開する。一方、そのホテルが歴史的に価値のある建物であれば、それを保存しつつ一般に開放することで街のイメージアップにつなげるといった決定をすることが経営レベルのマネジメントに求められる。そして、こうした各レベルのマネジメント業務を適切に実行するため、施設利用度、ファシリティコスト、顧客満足度といった具体的な指標を用いて達成目標が定められることになる。

—

FMサイクル

FMでは、3つのマネジメントレベルが業務改善のサイクルを構成している[**図2**]。つまり、保有する経営資源（土地・建物および人）を効率よく運営する戦略を立て、プロジェクト（各施設）を管理し、その運営・維持を通して設定した達成目標の評価を行うという一連のサイクルを回すことになる。こうした業務改善を推進していく専門家として、ファシリティマネジャーという職能が存在する。

表1 | 日本におけるファシリティマネジメント(FM)導入の経緯

時期	概要
1979年	米国の家具会社のハーマン・ミラー社が付属研究所(FMI)を設立し、FMの組織的活動が始まる
1980年	国際FM協会(IFMA)が設立され、FMの啓蒙活動と実務の担い手(ファシリティマネジャー)の育成が始まる
80年代中頃	米国で生まれたFMの取り組みが日本に紹介される
1987年	FM推進を目的とする3つの団体が日本に設立される ①ニューオフィス推進協議会(NOPA)、②日本ファシリティマネジメント協会(JFMA)、③建築・設備維持保全推進協議会(BELCA)
1997年	ファシリティマネジャー資格制度が日本で始まる

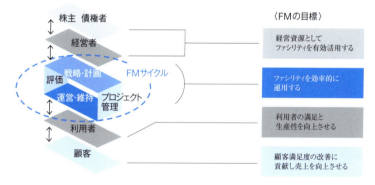

図1 | ファシリティを通じた経営活動とFMの目標

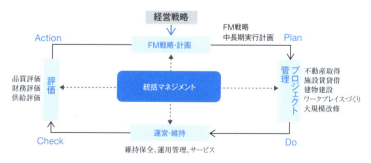

図2 | FMサイクル

15 利用者によるリノベーション

公的集合住宅での試み

集合住宅の住戸計画に居住者参加の視点が組み込まれるようになったのは、住宅難の解消に目処が立ち、それまでの画一的な住宅供給のあり方が見直され始めた1970年代以降のことである。

とりわけ公的集合住宅の分野では、居住者のライフスタイルやライフステージに合わせて間取りを容易に変えることのできる住宅供給システムが、さまざまなかたちで構想された[図1]。しかし、それらの試みは、想定ほどのニーズが間取り変更というかたちでは顕在化しなかったこと、賃貸住宅の場合は特殊な契約が必要になることなどから、当時は必ずしも一般化しなかった。

賃貸住宅のカスタマイズ、オーダーメイド

一方、近年は一般の民間住宅市場でも、賃貸でも自分らしさのある空間にリノベーションできる住宅が現れてきている。

例えば、入居者の要望に応じて内装をつくり込むカスタマイズ賃貸やオーダーメイド賃貸は、その代表的な例である[図2]。これらは大家が工事費用を負担するものが多く、従来入居者が決まる前に行っていた退去修繕のタイミングを後にずらしたものともいえるが、愛着のある住まいづくりが可能となるため、コミュニティ形成や空き家対策への効果も期待される。

DIYによるセルフリノベーション

DIY（Do It Yourself）によるセルフリノベーションも増えている。一般に、賃貸住宅に手を加えた場合は退去時に原状回復が求められる。こうした賃貸契約がリノベーションの阻害要因になってきたが、2016年には原状回復を課さない「DIY型賃貸借に関する契約書式例」（国土交通省）も示された。

DIYに欠かせないホームセンターも増加の一途にある[図3]。インターネット上には膨大なノウハウの情報資源があり、利用者によるリノベーションを支える環境は一層充実してきている。

上:日本住宅公団(現・都市再生機構)が1974年から研究開発を進めた「KEP(Kodan Experiment Housing Project)」の実験棟の躯体。この中に部品化された可動間仕切りや収納ユニットなどを取り付け、生活に応じて移設・更新していくシステムが検討された

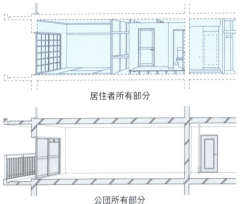

居住者所有部分

公団所有部分

中・下:住宅・都市整備公団(現・都市再生機構)が1984年から実験的に導入した「フリープラン賃貸」の所有区分。躯体(スケルトン)は公団が、内装(インフィル)は居住者が所有する。内装は居住者が設置し、退去時には次の入居者が買い取るものとされた

図1 | 可変性のある公的集合住宅の試み

空室の目立つ築40年の賃貸マンションを、カスタマイズ賃貸として再生した。入居者は、大家から渡される200万円の資金をもとに、躯体のみの状態から、自分好みの部屋をつくり込むことができる。写真は、建物1階にある、地域にも開かれたDIY工房兼コミュニティスペース(吉浦ビル)

図2 | 住み手がリノベーションできる民間賃貸住宅

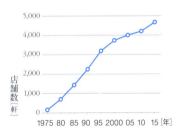

日本で本格的なホームセンターが登場した1970年代以降、その数は増え続けている。これらの総売上高は年間4兆円に上り、うちリノベーションに関連する「DIY用具・素材」の構成比は1/4を占める

図3 | ホームセンターの店舗数の推移

16 | 建物の点検と診断

保全のための点検

建物を適切に保全し運用していくには、その建物の状態を的確に把握する必要がある。そのため、所有者や管理者が日常的に点検すると共に、専門技術者による点検や調査、検査の箇所や項目、時期、方法などをあらかじめ計画することが重要である。建物の用途や規模、設備等に応じた定期検査や定期点検などが建築基準法、消防法、労働安全衛生法各種安全規則・基準規則、ビル管理法（建築物における衛生的環境の確保に関する法律）などの関連法規に定められている。よって計画にはこれらの法規に対応する管理業務も盛り込む。

さまざまな建物診断

建物の所有者が修繕や改修といった対策や今後の利用計画などについて検討するためにまず行うのが建物診断である。診断では既存建物の品質や性能、所有者や利用者の要望、履歴情報や周辺環境などを調査して把握する。また近年では、中古住宅を売買する際などに、建物の品質や性能を客観的に把握するため、第三者によるインスペクション（建物調査）を行うことも増えている。

最も一般的な建物診断は劣化診断や耐震診断であるが、他にも増改築や環境配慮改修、歴史的建造物の保存復元など、多様な目的に応じた診断が行われる[表1]。こうした診断は、建築士資格を有し、さらに既存建物の現状を把握するための技術や知識を十分に持つ者が行う。

特に耐震診断は、耐震改修促進法（建築物の耐震改修の促進に関する法律）において不特定多数者が利用する大規模建築物などに対して義務付けられている。耐震基準が大きく変わった1981年以前に建てられた建物は耐震性が不足している可能性があるため、耐震診断をして必要に応じ耐震改修することが重要である。建物の構造ごとに耐震診断方法が用意されており、調査をもとに耐震診断計算を実施して耐震性の評価を行う[図1]。

表1 | 目的に応じた既存建物の調査・診断

目的		内容
経年劣化に対する修繕・改修		既存の資料や調査記録を整理し、各種の劣化状況を現地調査する。必要に応じて採取資料の分析等を行う
耐震改修		現状建築物の構造図に基づきコンクリートや鋼材の現状を把握し、耐震性能を数値で評価する[図1]
増築・改築		現行法規に準拠するか確認し、増改築工事の対象となる部分に対する劣化診断と耐震診断を実施する
環境配慮改修	アスベスト含有建材処理	アスベスト含有建材の種類や使用部位等を調査し、必要に応じて採取試料の分析やアスベスト粉じん濃度の測定を行う
	屋上緑化改修	屋上部分の荷重設計を確認し、既存防水層や断熱材などの材料・構法を調査すると共に、劣化診断を実施する
	断熱改修	外壁や屋上部分の既存防水層や断熱材などの材料・構法を調査し、劣化診断を実施する
コンバージョン		用途や設計荷重の変更、バリアフリーなど目的に応じて材料や構工法を調査し、劣化診断と耐震診断を実施する
歴史的建造物の保存復元		建築物の歴史的・文化的・技術的価値を確認。劣化診断と耐震診断を実施。補修履歴を調査し、仕上げ層の断面構成や史料に基づいて原仕様を把握する
景観維持		周辺環境や建築物の歴史的な背景を確認する。劣化診断と耐震診断を実施すると共に、過去の補修履歴を調査する

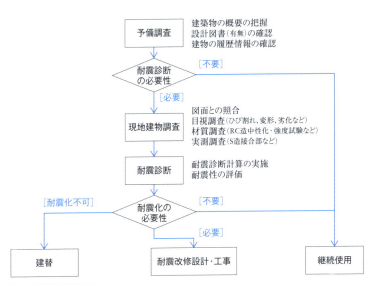

図1 | 耐震診断のフロー

17 修繕工事の典型

修繕工事の概要

わが国のマンションでは、竣工後10年から15年で、計画的に修繕（大規模修繕）が行われる。通常、マンションでは区分所有者によって管理組合が構成され、建物・敷地および付属施設を管理する。分譲マンションの共用部分は、管理組合が作成した長期修繕計画に基づき、維持保全や改良が行われる。専有部分（内装など）については、区分所有者の責任により行われる。

修繕工事の内容

共用部分において定期的に行う修繕工事には、足場の設置が必要な外壁の補修工事、鉄部の塗装工事、屋上やバルコニー床等の防水工事がある。また、スロープの設置や集合ポスト交換工事、駐車場設備工事などの日常的ではないが機能向上を目的として行う工事もある[表1]。

外壁の修繕としては、洗浄による美観性向上、タイルの浮きや欠け、剥がれにエポキシ樹脂を注入する補修などがある。屋上では、陸屋根の防水層に関連する工事が多い。具体的には、防水材の塗膜やシートの浮きや剥がれ、押えコンクリートのひび割れなどの劣化箇所を補修する[図1]。

専有部分の修繕工事では、内装のほか、住戸内の配線・配管なども対象になる。例えば、排水管が劣化した場合、新しい管に取り替える更新工事[図2]や既設管内部に樹脂等で塗膜を形成する更生工事を行う。電気設備では、容量増設のための幹線引き替え工事や省エネ効果が高い照明器具への交換工事などが行われる。また、災害時の備えとして、安全・防災設備工事を行うこともある。

使いながらの工事

いずれにしても、通常の修繕工事は新築工事とは異なり建物を使用しながらの工事が主となる。そのため、工事中の騒音や振動などに十分注意する必要がある。また新しい技術も数多く開発されており、実施例の検討から実際の工事に用いる工法を選択することも有用である。

表1 | 共用部分の修繕工事（建築）

項目	修繕工事の主な内容
鉄・アルミ部など	屋上、バルコニー、廊下、階段室、遊戯施設・自転車置場などの外構工作物の鉄部およびアルミ・ステンレス部の塗装塗替え
躯体	外壁、共用廊下・階段、バルコニーなどのコンクリート壁・上げ裏（天井面）・手すり壁、庇などの劣化・損傷箇所の修繕
外壁仕上げ	外壁、共用廊下・階段、バルコニーなどのコンクリート壁・手すり壁、庇・バルコニー上げ裏（天井面）などの吹付け塗装部の再塗装、タイルの洗浄および劣化・損傷箇所の修繕
シーリング	サッシ回り、コンクリート打継目地、PC板目地、スリーブ回り、庇など入隅部、金物端部などのシーリング材の劣化部の打ち替え防水
屋根防水	屋根、屋根庇、階段出入口などの庇の防水層の劣化・漏水などに対する屋根スラブの躯体修繕および屋根防水層の全面的な修繕・改修
床	バルコニー、開放廊下・階段室の床・庇・梁型天端などの防水工事
ドア	住戸ドアおよびパイプスペース・メーターボックスの扉の塗装塗替え・取替え、付属金物の取替え
サッシ	サッシおよびサッシ回り付属金物の修繕・取替え、窓面格子・窓手すり・防犯雨戸・鎧戸などの取替え
金物類	上記のドア・サッシの付属金物以外のすべての金物類の劣化・損傷箇所の修繕・取替え
屋外鉄骨階段	屋外鉄骨階段の手すり・踏板・踊り場などの錆・腐食箇所の修繕
内壁・内装	内部階段・内部廊下、管理事務室・集会室などの壁面、床面、天井面の劣化・損傷箇所の修繕
エントランス	エントランスホール、エントランス回りの床・壁・天井などの内装の全面的模様替え

撤去工法 既存防水層を撤去し、新築時の下地に新規防水層を施工する

かぶせ（再生）工法 既存の不良部分のみを除去、下地処理をしたうえで、新規防水層をかぶせて施工する

機械的固定工法 既存防水層の上から、下地に穴を空けて新規防水層をアンカー固定する

図1 | 防水層の改修工法

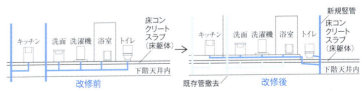

改修前は床スラブ下配管であったものを、改修後に床スラブ上に横引き管を設置すると共に新しい竪管を設置し、さらに既存横引き管を撤去している

図2 | 排水管の修繕方式（排水管の更新工事の例）

18 | 履歴情報

ストック活用の促進に不可欠な建物情報

日本でもストック型社会を迎え、今ある建物を上手に活用することが強く求められている。しかし、他の先進国と比較する限り、そうした取り組みは必ずしも活発な状況ではない。今後、再生や流通といった方法によってストックの活用を図っていくためには、**建物情報**の利用がカギとなる。

例えば、建物の構造や建設時期、さらに劣化状況やそれまでの修繕・改修内容などを示す情報は、建物所有者はもちろんのこと、建物改修などに取り組む設計者や施工者にとっても貴重な資料である。また、不動産の売買でも、そうした情報は買主が建物の価値を判断する大切な根拠となる。実際、近年は既存住宅を購入する際に、専門家にインスペクションを依頼することも増えており、そうした資料の重要性が社会的にも認識され始めている。
—

住宅履歴情報の整備に向けて

しかし、わが国には建物ストックに関する客観的で正しい情報（品質や劣化等の状態、耐震や省エネルギー等の性能、地盤や災害履歴など）を提供する体制が十分に整っていない。そこで2009年に長期優良住宅法（長期優良住宅の普及の促進に関する法律）が施行されたことを契機として、**住宅履歴情報制度**（通称「いえかるて」）が創設されることになった[**図1**]。

この制度では、住宅の新築・改修・修繕・点検などによって作成された全ての情報を住宅履歴情報と呼び、こうした一連の情報を「情報更新台帳」と「情報更新図」というツールを用いて住宅ごとに確実に蓄積していくことを目指している。そして、すでにサーバ上で住宅履歴情報を管理する仕組みもつくられ、実際に運用されている。今後は、こうして蓄積された住宅履歴情報が住宅の売買や改修に活発に利用されるようになり、住宅ストックのさまざまな有効活用を支えていくことが期待されている。

図1 | 住宅履歴情報制度の仕組み

19 | 団地再生

団地のスラム化と再生

欧米の団地再生は、スラム化との戦いである。この問題を世に伝えた団地の一つに、米国の公営住宅団地「プルーイット・アイゴー」がある[図1]。近代合理主義を体現した建築作品だったが、ヒューマンスケールを超えた画一的な環境は犯罪の温床になってしまう。手に負えなくなった政府が爆破解体に踏み切ったのは、開発から20年足らずの1972年のことだった。

環境の荒廃が空き家の増加を招き、悪化した経営がさらに環境の荒廃を進める。この悪循環の連鎖を断ち切ることが、欧米の団地再生に課せられた課題である。そのための多面的な取り組みが、日本に先駆けて実践されてきた。

—

団地のポテンシャルを生かす
再生手法

欧米のように深刻なスラム化は幸い社会問題化していないものの、日本でも団地再生の試みが広がりつつある。

例えば、全国に約74万戸のストックを持つ都市再生機構(UR)は、60年代後半以降に建てられた団地は、建て替えずに使い続けていく方針を出している。2000年代末に始まったルネッサンス計画は、その再生方法を探るためのパイロットプロジェクトである。

その第1期では、最上階の減築によるまち並みのヒューマンスケール化、メゾネット化や二戸一化による住戸割りの再編、エレベーター設置によるバリアフリー化など、各種の住棟改修の技術開発が行われた[図2]。

第2期は、団地再生の事業化の社会実験である。既存住棟を民間事業者が借り上げ、そのノウハウを生かしながら、シェアハウス、菜園付き住宅、高齢者向け住宅などとして経営していく実証実験が進んでいる[図3]。ここでは、地域のつながりを生む屋外空間や共用空間が多彩に盛り込まれており、4時間日照確保のためのゆとりある隣棟間隔など、当時の団地が持つポテンシャルを生かす空間計画が試みられている。

プルーイット・アイゴー団地(米国・セントルイス)の爆破解体(1972年)

図1 | スラム化した集合住宅団地

ルネッサンス計画1「ひばりが丘団地ストック再生実証実験」改修設計:都市再生機構+竹中工務店、2009年
左=最上階の一部減築によるヒューマンスケール化 | 右=既存スラブ撤去によるメゾネット化

図2 | 住棟改修の技術開発

ルネッサンス計画2「多摩平の森 住棟ルネッサンス事業」
左=シェアハウス「りえんと多摩平」事業主:東電不動産、企画・設計:リビタ、ブルースタジオ他、2011年
右=街区の中央に菜園付き賃貸住宅「AURA243」事業主:たなべ物産、改修設計:ブルースタジオ、2011年

図3 | 民間事業者による団地再生の試み

20 リノベーションの多様性

経年変化に対応するリノベーション

スチュアート・ブランドという米国の作家・編集者がいる。彼は著書『How Buildings Learn』の中で、建物を、それぞれ異なる速さで流れる時間の層に例えた（内装、設備、外装、構造、敷地など）。経年に伴う建物の不具合は、これらの層の間に生じるさまざまな「軋み」であるという。この例えにしたがえば、リノベーションとは、そうした軋みを取り除く、終わりのない行為といえる。

—

リノベーションによる
建築的魅力の創造

一方、リノベーションには、新築では生み出しにくい、さまざまな建築的魅力を創造する力がある。具体的には、次のものが挙げられる。

①時間の継承

時間の中で蓄積された空間の魅力や周辺環境との関係性をそのまま計画に取り込むことができる[図1a]。

②利用の楽しさ

慣れ親しんだ建物を舞台とし、実施の範囲・程度も多岐にわたるリノベーションでは、着想から工事に至るさまざまな場面において、当事者である利用者や所有者の主体性が発揮されやすい。

また、計画の動機や目標も個別性が高いため、暮らしのあり方をユニークに掘り下げたプロジェクトに展開することが少なくない[図1b]。

③意外な空間

新築の場合は、建物・室の用途に応じて、それにふさわしい寸法や材料が用いられるが、特に用途変更を伴うコンバージョンなどの場合には、そうした近代合理主義的な考え方にとらわれない豊かな空間が生まれる可能性がある[図1c]。

④引き算の発想

建物の部分を取り除くことで新しい環境を得るという計画手法は、新築では成立し得ないリノベーション固有のアプローチである[図1d]。とりわけ建物の余っている現在、減築を含むこの手法の可能性は高まっていると言える。

a) 豊崎長屋

改修設計:大阪市立大学生活科学研究科竹原・小池研究室、2009年 | 大阪の中心部に残っていた4棟15戸の大正時代の長屋に耐震補強などを施し、住み続ける場として再生した

b) ホシノタニ団地

改修設計:フジタ(旧大和小田急建設)+ブルースタジオ、2015年 | 駅前に立地する鉄道会社の旧社宅を広場や菜園、子育て支援施設など、地域に開かれた共用部分を持つ賃貸住宅として再生した

c) テート・モダン

改修設計:ヘルツォーク&ド・ムーロン、2000年 | 旧発電所の美術館へのコンバージョン事例。建物中央部に高さ35m、奥行き152mの巨大な吹き抜けを持つ

d) yohji yamamoto New York gansevoort street store

改修設計:石上純也建築設計事務所、2008年 | 三角形の平面をした既存建物にスリット状の通りを挿入し、新しい三叉路をつくり出した

図1 | リノベーションで生まれた多様な空間

21 | コンバージョン

コンバージョンの意義

建築の用途を変更する行為を**コンバージョン**という。「用途変更」「転用」とも呼ばれ、1990年代半ばから欧米各国で、空きオフィスから住宅へのコンバージョンが盛んに行われるようになった。現在では、わが国でも廃校になった校舎のコンバージョンや、企業の社宅や寮を高齢者施設へとコンバージョンする例が次々に現れている。

その一方で、資源問題、廃棄物問題などから、建物を簡単には壊せないという機運が高まってきた。さらに多くの自治体の財政が逼迫していることから、新規建設が減少しただけでなく、既存公共建築の基本的な保守が滞っていることも少なくない。

さまざまな建物の空き家・空室が目立つ一方で、今後も新たな建築（用途）が求められていくことは確かである。建築（用途）ニーズを見極めながら、地域的な空間資源を豊かに再編する多様なコンバージョンの構想がますます重要になっていくと考えられる。

宇目町役場庁舎は、70年代半ばに建設された研修宿泊施設をコンバージョンしたもので、用途変更とともに躯体にも手を加えている。また、用途の変更から積載荷重が増えるため、建物重量（固定荷重）が削られることになった［**図1**］。落合複合住宅は、過疎化によって廃校となった小学校を賃貸事務所および町営住宅として再生したものである。その改修は、既存の建物を長く活かす、工事から出る廃棄物を最小限におさえる、自然や人間に優しい材料や設備を利用することを念頭に行われている［**図2**］。

—

コンバージョンの多様性

単純な用途の入れ替えではなく、部分的に用途を変更し、旧機能と新機能を複合化させることがある。建物すべてが不要となる場合よりも、建物内のある機能だけが不要になることが多く見られることの表れともいえる。この場合、機能連結部分やエントランス部分の計画などに工夫が必要となり、新築による複合施設とは一線を画する空間構成となる［**図3**］。

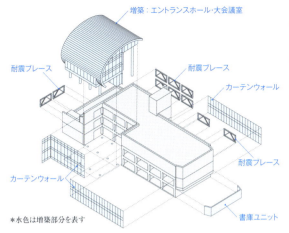

図1 | 宿泊施設を庁舎に転用

宇目町役場庁舎
改修設計:青木茂建築工房、1999年
増築部分をヴォールト状にし、その中にエントランス、町民ホール、大会議室を設け、3層吹き抜けの大空間としている。さらに、現行の耐震基準に合わせるため、鉄骨ブレースを挿入している。リファイニング建築の初期の好例である

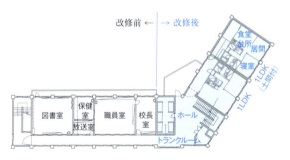

図2 | 小学校を集合住宅に転用

上勝町営落合複合住宅
改修:1999年
8×7mの1教室分を基準に、田の字形の住戸平面を現地産の木材でつくられたインフィルシステムで構成している。住戸内部には最低限の機能しか存在せず、収納部分は旧便所を改装することでトランクルーム(収納空間)としている

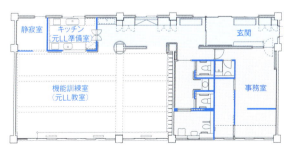

図3 | 中学校の一部をデイサービス施設に転用

松渓ふれあいの家
改修:2001年
少子化によって使われなくなった中学校の普通教室1つをコンバージョンした例である。新たな施設のエントランスは既存の廊下部分を改造している

22 さまざまな事業方式

再生事業のリスク

建築プロジェクトにはリスクがつきものだが、既存の状況が事業性を左右する建築再生には、さらに固有の問題が潜在する[**表1**]。例えば、①対象建物が抵当に入っていた場合の資金調達の問題、②合意形成が難航した場合のテナント立ち退きの問題、③耐震性や容積率などに関する既存不適格の問題、④土地・建物に関する権利関係の問題などは、その代表的なものである。さらには、⑤上記の問題などに建物所有者が対応しきれないというリスク負担能力の問題もある。

建築再生・運用の機能分担

こうしたリスクに対応するため、建物所有者が再生・運用に関わる機能を外部の専門家に委託することがある。具体的には、「事業構築」「運営」「経営」「建物所有」という4つの機能の委託の仕方により、事業方式には以下のようなバリエーションが生まれる[**図1**]。

(a)事業構築委託型

建築、税理・会計、経営・マーケティングなどの専門家によるアドバイスをもとに、建物所有者自らが事業を運用する。

(b)運営委託型

建物所有者が経営者として事業リスクを負いながら、ディベロッパーなどに事業構築から運営まで、つまり企画から建築再生、リーシング(テナント付けや仲介)まで包括的に委託する。

(c)経営委託型

建物所有者が事業の全般を第三者に委託し、リスクの一部または全部を外部に移転する。信託方式(信託会社が事業を運用し、所有者は配当を得る)やサブリース方式(不動産会社が借り上げた建物を転貸する)などがこれに該当する。

(d)完全分離型

不動産を小口証券化するJ-REIT(日本版不動産投資信託)などは、前述した4つの機能がそれぞれ独立した建築運用の手法である。

表1 | 建築プロジェクトに伴うリスク

阻害要因・リスク	対策例
①資金調達の問題 対象建物にすでに担保権が設定されており、所有者が新たな借り入れを行うことが困難な場合など	・建物の一部を売却して資金を調達する ・再生後の建物を一括借り上げするサブリース会社が資金を調達する ・別の再生主体が建物を買い取る
②テナント立ち退きの問題 既存テナント(借家人)への立ち退き料等の支払いが事業採算性を著しく損なう場合など	・既存テナントのいない空きスペースや立ち退きがスムーズにいくスペースのみを再生する ・既存テナントに建物内で移転してもらい、再生対象の空きスペースを集約する
③既存不適格の問題 確認申請が必要な再生工事を施す際、耐震性や容積率等を現行法規に適合させなければならない場合など	・耐震改修促進法の認定を受ける(一定の緩和措置が講じられる可能性がある)
④権利関係の問題 借地で地主の承諾料が高額な場合など	・資金力のある別の事業主体が権利を買い取り事業化を図る
⑤リスク負担能力の問題 リスクが大きい場合、事業が複雑な場合など	・別の事業主体がリスクを分担する、建物所有者にもわかりやすい事業のしくみにする

図1 | 建築再生・運用の機能分担

182 – 183　|　Chapter 7　|　建築生産の国際化

建築生産の国際化

建設業はドメスティックな産業です。
公共工事発注が景気対策の柱になっているのはその証です。
しかし、20世紀末からのグローバリゼーションの進行によって、
建築生産の国際化も着実に進行しました。
本章では、その様子を「大手建設会社の動向」
「住宅メーカーの動向」「建材・建築部品メーカーの動向」に
分けて確認していきます。さらに自由貿易の推進に向けた
「規格や資格の相互認証」についても解説します。

Chapter

大手建設会社の動向

01 | 建設市場の国際化の経緯　184

02 | 主要国の建設市場比較　186

03 | 海外工事の特徴　188

04 | 外国企業の
　　 日本市場への参入　190

住宅メーカーの動向

05 | 住宅メーカーの国際化　192

06 | 海外住宅事業　194

07 | 住宅の輸入　196

建材・建築部品メーカーの動向

08 | 生産拠点の海外展開　198

09 | 建材輸入の状況　200

規格や資格の相互認証

10 | 建材・建築部品規格の
　　 グローバル化　202

11 | 建築設計に関する
　　 資格の相互承認　204

12 | 品質マネジメントの
　　 グローバル化　206

01 建設市場の国際化の経緯

国際化への経緯

日本の建設市場が国際化に向け動き出したのは、1986年5月、米国が関西国際空港プロジェクトへの米国企業参入を求めてきたことからであった。

国際化といえば海外進出であり［図1］、海外工事の拡大であると思い描いてきたわが国の建設業界にとって、まさに黒船襲来のような動揺を与えた。その後、政府間交渉となり、日本国内に実績のない外国企業でも日本の制度に習熟するために、関西国際空港を含む17のプロジェクトに参加できる措置を特例として設けた。

その後、96年のWTO政府調達協定発効（政府および政府関係機関が行う、産品およびサービスの調達に係る法令、手続および慣行に関する規定）により、基準額を超える工事（およびコンサルティング業務）には国際ルールが適用されることとなり、市場の国際化が一段と進んだ［表1］。
—

海外工事受注の推移

わが国の建設業の**海外工事受注**は、90年代の半ばに急増したが、97年度以降、アジア経済危機や日本企業の海外進出の停滞等により大きく減少している。

その後、工事受注金額は7千億から1兆円で推移していたが、2005年度以降アジアや中東地域での工事が増加した。また、国内建設投資に対する海外受注の割合は2007年度には3.5％となった。しかし、2008年度には世界的な景気後退（リーマンショック）の影響を受けて海外受注の割合は大きく減少した（前年度比39％減少）。

2010年度以降はアジアや北米を中心に増加に転じ、2014年度は過去最高となる1.8兆円台となった［図2］。将来的にも、海外市場の需要はより高まると判断できる。こうした状況の中で、わが国の建設業の国際展開を推進していくには、言語の壁を乗り越えることはもちろんのこととして、国内では想定できないリスクへの対応力を身につけることが必要となろう［表2］。

ブラッケンハウス
設計：マイケル・ホプキンス設計事務所、
施工：大林組、1991年、英国・ロンドン

図1 | 海外工事受注の例

表1 | わが国の建設市場の国際化の主な経緯

1986年5月	米国政府、関西国際空港プロジェクトについて国際入札を要求
1988年5月	日米政府間で「大型公共事業への参入機会等に関するわが国政府の措置について」合意（外国企業が日本の制度に習熟するために、関西国際空港を含む17のプロジェクトに特例措置を講ずるなど）
1991年7月	日米政府間で「大型公共事業への参入機会などに関するわが国政府の追加措置について」合意（特例措置の対象として、新たに17プロジェクトを追加。ほかに、事業が具体化されたときに追加されるものとして6プロジェクト）
1993年4月	米国通商代表部、建設サービスの調達について日本を対米差別国と認定（差別的慣行を撤廃しない場合は対日制裁措置を発動するとの構え）
1994年1月	日米政府間で書簡交換（米国政府、日本政府の「公共事業の入札・契約手続の改善に関する行動計画」（一般競争入札の導入など）を評価し、制裁の構えを解除）
1996年1月	WTO政府調達協定発効（建設分野においても国際的ルールが適用される）

図2 | 海外工事受注の推移

※現地法人の受注を含む

表2 | 海外建設工事受注リスク回避策

- 明確な意思表示、明示的な情報伝達を行う
- 役割分担、責任範囲などについてのドライな契約方式に慣れる
- 契約不履行に対する措置を明示化する
- クレーム処理に対応するための情報の記録化
- 言語の壁を乗り越える
- 為替リスク対応力、カントリーリスク対応力、法知識などを強化する

02 | 主要国の建設市場比較

諸外国の建設市場の規模

世界の建設市場の規模は、2000年の1.75兆ドルから2013年の4.04兆ドルと約2.3倍に拡大している。特に、2008年のリーマンショック以降の2010年からの3年間で0.54兆ドルの増加となっている。日本企業にとって海外市場は重要な市場であるといえる。

地域別に見ると、アジアが最も規模が大きく、全世界に占めるシェアは34％に及んでいる。なかでも中国の市場規模は7,474億ドルと突出しており、米国と合わせると、世界全体の建設市場の36％を占めている。

主要国の建設投資と建設業

主な国々の建設投資額は表1に示す通りである。日本の建設投資額を100とすると、米国は272、英国、フランス、ドイツの欧州圏は約60-80、韓国は43となっている。一方で、対GDPでは、わが国は米国、英国よりも若干高く、ドイツとはほぼ同等、韓国に比べ低くなっている。国際的に見て、現在でも日本の建設市場は大きい。

しかし、その経済規模や雇用規模が国内の産業活動に占める割合は、主要国よりも飛び抜けて高いわけではなく、むしろ新規入職者の減少といった問題が深刻化している。したがって今後は、職場のあり方の変革といった視点からも、建築工事の生産性の向上がより一層強く求められる。

—

世界の大手建設業

表2が示すように、現在、中国企業が世界の大手建設企業ランキングの上位4社を独占している。これらは10年前よりも大幅に順位を上げており、近年の中国経済の躍進を表す結果となっている。

しかし、海外売上高率に注目すると、中国企業上位8社の平均は11.9％であり、上位30社の平均である43.3％を大きく下回る。一方、欧州企業の上位10社の海外売上高率の平均は70％を超えており（米国3社平均65％）、中国8社との差は極めて大きい。日本4社の平均は15.3％と、中国同様に国内優先である。

表1 | 主要国の建設投資、建設業者数、建設就業者数

	日本	米国	英国	フランス	ドイツ	韓国
名目GDP（兆円）	489.6	1,837.9	316.8	299.4	409.4	150.0
建設投資額（兆円）	51.2	139.7	29.4	35.7	41.0	22.1
平均増加額（14年／09年、%）	3.6	3.0	5.6	0.7	5.2	1.8
同対GDP比（%）	10.5	7.6	9.3	11.9	10.0	14.7
建設業者数（千社）	473	752	252	536（13年）	390（13年）	66
就業者数（全産業、千人）	63,510	146,305	30,966	25,802	39,942	25,599
建設就業者数（千人）	5,050	9,813	2,266	1,628	2,732	1,796
全就業者に占める割合（%）	8.0	6.7	7.3	6.3	6.8	7.0

＊2014年現在

表2 | 世界の大手建設業

総売上高順位 2014年	2004年	企業名（国名）	2014年総売上高 [百万ドル(a)]	うち海外売上高 [百万ドル(b)]	海外売上高比率 [%(b/a)]
1	11	CHINA RAILWAY GROUP LTD.（中）	113,106	5,464	4.8
2	17	CHINA STATE CONST. ENG'G CORP. LTD.（中）	110,579	7,239	6.5
3	15	CHINA RAILWAY CONST. CORP. LTD.（中）	97,044	2,450	2.5
4	―	CHINA COMMUNICATIONS CONST. GRP. LTD.（中）	60,315	15,827	26.2
5	1	VINCI（仏）	51,869	19,680	37.9
6	4	ACS（西）	46,081	38,708	84.0
7	―	POWER CONSTRUCTION CORP. OF CHINA（中）	38,690	11,653	30.1
8	2	BOUYGUES SA（仏）	32,335	14,201	43.9
9	3	HOCHTIEF AKTIENGESELLSCHAFT（独）	31,119	29,299	94.2
10	27	CHINA METALLURGICAL GROUP CORP.（中）	30,026	2,669	8.9
11	5	BECHTEL（米）	28,302	21,414	75.7
12	40	SHANGHAI CONSTRUCTION GROUP（中）	26,622	746	2.8
13	29	CIMIC GROUP LTD.（豪）	18,898	4,408	23.3
14	6	SKANSKA AB（スウェーデン）	17,687	14,025	79.3
15	24	FLUOR CORP.（米）	16,925	11,524	68.1
16	20	STRABAG SE（オーストリア）	16,470	13,972	84.8
17	33	HYUNDAI ENG'G & CONST. CO. LTD.（韓）	16,366	9,687	59.2
18	10	大林組（日）	14,957	3,357	22.4
19	16	EIFFAGE（仏）	14,437	2,918	20.2
20	25	TECHNIP（仏）	14,344	14,224	99.2
21	39	SAMSUNG C&T CORP.（韓）	14,092	7,845	55.7
22	60	CONSTRUTORA NORBERTO ODEBRECHT SA（ブラジル）	14,043	10,200	72.6
23	45	SAIPEM（伊）	13,832	13,623	98.5
24	8	鹿島建設（日）	12,530	2,595	20.7
25	9	清水建設（日）	11,992	1,421	11.8
26	7	大成建設（日）	11,688	718	6.1
27	18	FERROVIAL（西）	11,619	8,366	72.0
28	―	LARSEN & TOUBRO LTD.（インド）	11,430	2,491	21.8
29	102	CHINA NATIONAL CHEMICAL ENG'G GROUP CORP.（中）	10,770	1,420	13.2
30	74	CB & I（米）	10,317	5,436	52.7

03 海外工事の特徴

海外工事受注の実績

海外工事の受注に際しては、**本邦法人**（日本の企業）が直接受注して工事契約を締結する場合と、現地に法人を置いて、その法人が受注する場合の2種類がある。近年建築工事を中心に**現地法人**の受注が増加しており、2012年以降、本邦法人の受注額を上回っている［**図1**］。

ここで注意が必要なのは、現地法人でなければ、仕事を受注できない国が存在することである。例えば、中国では現地法人がなければ、公共工事だけでなく民間工事も受注できない。一方、シンガポールなどでは政府発注の工事を受注できるのは現地法人に限定されるが、民間工事にはそうした規制がないため本邦法人が受注することも多い。

発注者別に見た工事受注の類型

発注者別に海外受注実績を見ると、2010年度以降、日系企業からの受注を中心に民間工事の回復が顕著である［**図2**］。その中でも工場が増えており、わが国のものづくりが海外に移転している状況を見て取れる［**図3**］。実際、2007から11年の受注額上位5カ国を見ると、工場が40％を占めており、洪水被害の復旧工事を含む工場受注が顕著なタイ、発展を遂げているベトナムなどで特に目立つ。一方で、シンガポールに限ってみると、商業ビルと公共施設が工場を上回っている。

ところで、海外工事では発注者の種類ごとに、工事請負契約の約款が異なる。つまり、工事実施中のリスクが発注者ごとに異なることになる。例えば、日本政府の援助とは関係のない自己資金による公共工事（香港、台湾、シンガポールなど）では、旧宗主国の約款を起源とする約款を用いる場合が多い。一方で、民間による自己資金工事（タイ、香港、UAEなど）では、発注者側の約款を用いている。日系企業が発注する場合は、日本国内と同様にわが国の**民間連合協定約款**を使うことが多い。

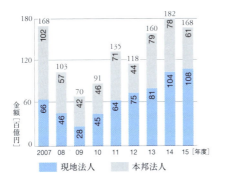
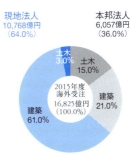

図1 | 海外受注工事の内訳（本邦法人・現地法人別）

*「公共」の「その他」には、日本政府（有償・無償）、国際金融機関などからの資金による工事および日本政府発注工事を含む

図2 | 海外受注工事の内訳（発注者〈民間・公共〉別）

*「その他（建築系）」には、諸施設のリニューアル、内装工事を含む

図3 | 海外受注工事の内訳（プロジェクト種類別）

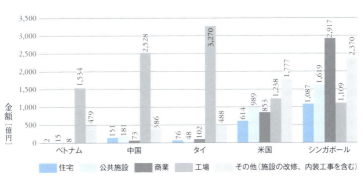

図4 | 受注額上位5カ国のプロジェクト種別

*2007–11年度合計

04 外国企業の日本市場への参入

日本市場への参入状況

わが国で建設業を営む場合は、**建設業の許可**が必要となる。建設業を許可された外国企業の数は1990年代後半に若干減少したものの、その後は増加を続け、2015年は、過去最高の135社となった。その内訳は、北米44社、アジア17社、欧州70社、その他4社である[**図1**]。

日本建設業連合会加盟の海外企業

大手建設会社の業界団体である**日本建設業連合会**では、日本国内で事業活動を行っている外国の建設会社および、建設業に密接に関連する事業を行っている法人を対象にした特別会員制度を設けている。その中で、外国の建設会社は現在のところ3社である。

米国に本社があるベクテルの日本法人であるオーバーシーズ・ベクテル・インコーポレーテッドは、89年東京国際(羽田)空港旅客ターミナルビル新築工事、91年関西国際空港旅客ターミナルビル新築工事を日本企業との共同企業体(JV)の1社として受注している。また、91年に東京湾横断道路川崎人工島東工事(海ほたるなど)の建設工事を受注している。

同じく米国系のフルーア・ダニエル・ジャパンも関西国際空港で日本国内での仕事を始め、その後、京都駅、JR博多シティ、東京国際空港国際線地区旅客ターミナルビルなどを受注している。

もう1社である、レンドリース・ジャパンは、プロジェクトマネジメント(PM)、コンストラクションマネジメント(CM)といった、発注者を支援する業務を中心に行っている。例えば、米国の**建物環境性能評価システム**(LEED)の認証取得のための支援や、古くなったビルを地球環境負荷の少ないグリーンビルに再生する取り組みなどを行うことによって、日本企業との差別化を図っている。

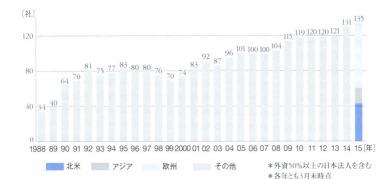

図1 建設業を許可された外国企業数の推移

京都駅
設計：原広司+アトリエ・ファイ研究所
施工：大林組、鉄建建設、大鉄工業、
フルーア・ダニエル・ジャパンほか、1997年

関西国際空港
設計：関西国際空港旅客ターミナルビル基本設計・実施設計作成共同体（レンゾ・ピアノ・ビルディング・ワークショップ・ジャパン、日建設計ほか）
施工：北工区＝大林組、清水建設、
フルーア・ダニエル・ジャパンほか、
南工区＝竹中工務店、鹿島建設、大成建設、
オーバーシーズ・ベクテル・インコーポレーテッドほか、1994年

東京国際空港第2旅客ターミナルビル
設計：MHS・NTTファシリティーズ・シーザーペリ共同企業体
施工：中央工区＝大成建設、大林組、
オーバーシーズ・ベクテル・インコーポレーテッドほか、2004年

図2 外国企業による日本での建設工事事例

05 | 住宅メーカーの国際化

資本自由化を契機とした外国企業の参入

オイルショック以前に日本企業が海外で、また外国企業が日本で住宅供給を試みた過去の例がある。

1950年制定の外資法により、かつての日本では外国資本の出資比率が50%以下に制限されていた。しかし、61年から73年までに資本自由化の措置が段階的に講じられることになった。

外国企業の中には、こうした外資規制の緩和を捉えて、70年前後から日本企業との提携や合弁会社設立によって、日本で住宅を建設する企業が現れた。もちろんその背景には、自国市場の低迷と日本の住宅市場の急成長がある。その代表例が、カミュ工法[図1]で知られるフランスのレイモン・カミュや米国の大手ディベロッパーであるレビット・アンド・サンズ、アルミニウム採掘・加工で世界最大のアルコアなどである。しかし、オイルショックによる景気後退の影響もあり、目立った成果をあげることはなかった。

日本の住宅関連企業の海外進出

60年前後に産声をあげた日本のプレハブ住宅メーカーは、オイルショックを迎えるまでの間、住宅市場の急速な拡大と工業化に対する政府の強力な後押しもあり、大きく成長した。そして70年代には海外進出を目論む企業も現れた。

表1は、72年1月時点で海外進出に乗り出した主な住宅関連企業を示している。例えば、プレハブ住宅メーカーであれば、ミサワホームはカナダ、積水ハウスは西ドイツ[図2]とオランダ、大和ハウス工業はフィリピンに進出している。

これらの海外事業の内容は主に現地企業との提携による工場生産住宅の建設と変動相場制移行後の円高に対応するための部品生産拠点の海外展開であった。つまり、プレハブ住宅メーカーは今日の海外事業の先駆けとなるような取り組みを、オイルショック直前に試みたのであった。

カミュ工法によって千葉県に建設された中層マンション（1971年）

米国・テキサスにおいて、大和ハウス工業が分譲した住宅（1975年）

図1｜海外工法が導入された例　　**図2｜住宅メーカーの海外進出例**

表1｜住宅メーカー・不動産ディベロッパーによる主な海外進出の事例

企業名	進出先	進出の方法と主な事業内容
ミサワホーム	カナダ	生産設備とプレハブ技術を現地に輸出し、現地企業と合弁会社を設立 ・現地で木質系プレハブ住宅を生産・販売
積水ハウス	西ドイツ	現地企業と業務提携を締結 ・積水ハウスの鉄鋼系プレハブ住宅を現地で販売
	オランダ	現地企業への資本参加による経営権を取得 ・現地で鉄鋼系プレハブ住宅を生産・販売
大和ハウス工業	フィリピン	現地企業と合弁で工場を建設 ・鉄鋼系プレハブを生産・販売 ・東南アジア諸国に輸出 ・南洋材の調達
三菱地所	米国・ハワイ	100%出資の現地法人を設立したうえで、現地企業と提携して事業展開 ・ハワイのホテル建設・リゾート開発に出資 ・ハワイ以外でのリゾート地域開発
三井物産 都市開発	シンガポール	現地企業に資本参加 ・住宅の賃貸・分譲 ・宅地開発
住友不動産	香港	現地法人を設立 ・工場の建設 ・オフィスビルの建設・賃貸
	タイ	現地法人を設立 ・工場の建設 ・オフィスビルの建設・賃貸
東急グループ	米国・ハワイ	住友信託銀行との共同出資により、現地法人を設立 ・米国、日本向けに別荘地の分譲

＊1972年現在

06 | 海外住宅事業

日本の住宅関連企業の海外進出の経緯

現在、日本の新築住宅市場については、長期にわたり規模が縮小していくことが予想されている。その一方で、アジアの近隣諸国に目を向ければ、人口増加や経済成長は著しく、住宅が精力的に建設され、新築住宅市場が活況を呈している国が目立つ。

日本の住宅関連企業の海外進出は、1970年代にまでさかのぼることができるが、オイルショックによる世界的な景気後退もあり、多くの取り組みは短期で終わった。しかし、21世紀に入ると、そうした成長著しい近隣諸国に注目した住宅関連企業が、次々にアジアの国々で住宅事業に取り組み始めた。具体的には、中国、インドネシア、タイ、マレーシアといった国々に複数の日本の住宅関連企業が進出している[図1]。そこでの主要な事業は、住宅建設・販売であるが、それ以外にも不動産開発や建材の製造・販売、CAD作図なども行われている[図2]。

海外住宅事業の類型

日本の多くの住宅関連企業が手がける海外住宅事業は、主に次の4つに整理できる。

①日本で開発したプレハブ構法をほぼ同じかたちで現地に持ち込み、工場を設置して住宅を生産・供給する(タイでの積水化学工業など)。

②現地の在来構法を採用しながら、日本で培った各部構法・部品の一部やプランニングなどを導入して住宅を生産・供給する(マレーシアでのパナホームなど)。

③外資の不動産ディベロッパーとして、現地の不動産や建設会社と共同で住宅地を開発する(マレーシアでの大和ハウス工業など)。

④外資の不動産ディベロッパーとして、現地の大手不動産ディベロッパーと資本提携や技術提携を通じて、現地の住宅地開発に関与する。

いずれの形態であっても、単独の事業ではなく、合弁会社の設立などを現地法人と行ったうえで事業を進めることが共通した特徴である。

インドネシア・ブカシ県において、東急不動産が現地の在来構法で建設した住宅（2015年）

タイ・サラブリ県において、積水化学工業が日本国内とほぼ同じユニット住宅で建設したモデルハウス（2014年）

図1 | 現地で住宅を分譲販売する日本の住宅関連企業の事例

図2 | 住宅関連企業による主な海外進出の事例

*2015年現在

07 | 住宅の輸入

明治期の輸入住宅の取り組み

住宅の輸入は、日本では必ずしも活発なわけではない。しかし、そうしてもたらされる住まいは、日本の住宅づくりを大いに刺激してきた。実際、欧米の生活や住まいが知られるようになった1900年代になると、居室の独立性の低い日本の伝統的な住宅に批判が向けられるようになり、洋風住宅に対する社会的関心も高まることになった。

この当時の米国に目を向けると、パターン・ブックから住宅を選び、必要な部材一式をパッケージにして輸送してもらう**メール・オーダー・ハウス**（通信販売住宅）が定着していた。このような方法でつくられる住宅を目にして米国から帰国した橋口信助は1909年にあめりか屋を設立して、輸入住宅の販売を始めた[**図1**]。その際、販売したのは枠組壁工法（**ツーバイフォー構法**）によるバンガロー式の住宅であった。この事業は画期的であったが、コスト等の問題から定着しなかった。

戦後の住宅輸入の取り組み

ドル円相場が固定されていた73年、建築家・石山修武は米国からツーバイフォー住宅の建材・建築部品一式を輸入した[**図2**]。国産品の調達が高コスト化する中、そうして輸入したものを使って建設することで、建材・建築部品のグローバルな調達手段が存在して、かつ現実的であることを示して見せたのである。

同じ頃、木造住宅の供給システムの刷新に向けて新しい構法が要請されるようになり、74年に枠組壁工法の技術基準が告示された。こうしてオープンな技術となった北米由来の枠組壁工法は、日本国内で定着していった。

90年代中頃になると、海外の住宅やその一部を資材別やパッケージで輸入して建設する事例が増え、主に北米や北欧から取り寄せられるようになる[**図3**]。このような輸入住宅は、年間約8,000戸の供給にとどまるが[**図4**]、消費者の選択肢を増やす重要な役割を新築市場で担っている。

あめりか屋の輸入住宅の広告　　あめりか屋が輸入して販売した別荘、田辺現三郎邸（1916年頃）

図1｜あめりか屋の輸入住宅と広告

石山修武が輸入したツーバイフォー住宅のパッケージ　　部材を組み立て完成した住宅外観
（1973年）

図2｜コンテナで輸入される住宅1棟分の部品と建設された住宅

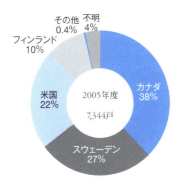 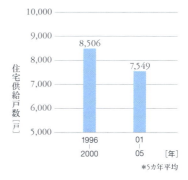

図3｜国別の輸入住宅の着工数　　### 図4｜輸入住宅の供給戸数

08 生産拠点の海外展開

グローバリゼーションの進行

1990年代に中国とロシアが自由貿易体制へ再参入し、20世紀末から21世紀初めにかけて国際貿易の枠組が大きく変化した。実際、この時期に日本の製造業の多くが生産拠点を海外展開し始め、日本のものづくりも大きく変化していった。

建築生産はドメスティックな活動である。日本では建設業が国内雇用や国内総生産のおおむね1割を担っているが、基本的に建物そのものが輸出入されることはない。しかし、今日の建物を構成する建材や建築部品のほとんどは工業生産されているため、これらのグローバリゼーションは着実に進行している。

―

建築部品のアジアの生産拠点

例えば、水回り、内装、開口部、外壁の4つの部位に限定しても、2015年までに日本のメーカーは50カ所近い生産拠点をアジアに設立している[図1]。しかも1990年代以降はそれらの7割近くが中国に設立されており、日本

の建材・建築部品メーカーが製造業のグローバリゼーションの一翼を担ったことが分かる。

部位別に見ると、水回り部品と内装材の海外展開が目立つ[図2]。これらは建材・建築部品分野における海外市場開拓の成功例といわれており、中国での販売が売上高の過半を占めるようになった内装ドアメーカーも存在する。

その一方で、日本への輸出を主目的とした生産拠点もある。その先駆けは東南アジアの木質系内装材工場である。これらは資源ナショナリズムの産物であり、原木輸出が禁止された国々で設立された。さらに近年は建築部品のサプライチェーン（材料・部品調達の連鎖）が中国と東南アジアで構築され始めている。つまり、生産拠点の海外移転を積極的に推進する建築部品メーカーも現れており、今日ではそうした拠点で生産されたアルミサッシや水回り部品が日本の建物に実装されるようになった。

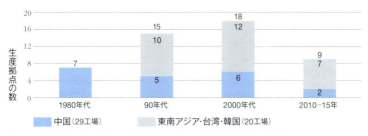

図1 アジアにおける建材・建築部品メーカーの生産拠点設立状況

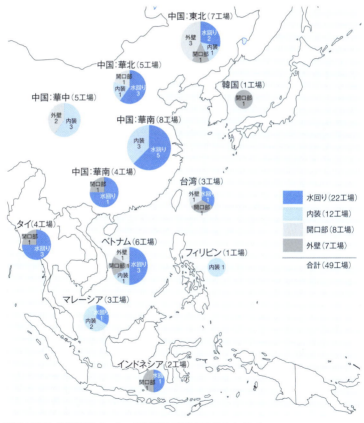

図2 建材・建築部品メーカーの海外生産拠点の分布（アジア）

*図1、2は下記の水回り、内装、開口部、外壁メーカー企業のウェブサイトを参照して作成した。ウッドワン、永大産業、クリナップ、大建工業、TOTO、ニチハ、日本フラッシュ、ノザワ、パナソニック、LIXIL、YKK AP（2015年現在）

09 建材輸入の状況

日本の建材生産と貿易

　今日の建材は工業製品の一つであり、国際的な貿易によって成立している。例えば、輸入丸太を国内で挽いたものは、外材と呼ばれる国産製材となる。こうした**外材**は、1980年代から90年代にかけて、国産製材の55%ほどを占めることになった。

　もっとも、建物づくりは大量の材料を必要とするため、古来、身近なものを活用するのが基本である。日本は世界有数の木質材料の生産国であり、61年から87年までは世界第2位の合板輸出国であった。また、80年代以降の日本が、おおむね世界第2位の粗鋼生産国であり続けていることはよく知られている。つまり、さまざまな工業製品の生産国になった日本では、輸入原材料からつくった建材こそが日本の地場産材であったとも考えられよう。

―

輸入建材の増加

　しかし、建材そのものの輸入が増加していることも確かである。実際、2010年代には輸入製材が国内需要の4割を超えるようになった[**図1**]。特に90年代後半からは、**ホワイトウッド**と通称される欧州産製材の輸入が急増し、日本の集成材生産を支えるようになっている。

　一方、2010年代に入っても輸入鋼材が国内需要に占める割合は、20%ほどにとどまっている[**図2**]。ただし、鋼製下地材などに加工される**帯鋼**では、すでに80年代の時点で、国内需要の半分近くを輸入材が占めるようになっていた。

　木材や鋼材に比べると、板ガラスの輸入が本格化した時期は遅い[**図3**]。2000年代後半には国内需要の2割近くを輸入ガラスが占めるようになったが、80年代前半まで実質的な輸入は行われていなかった。しかし、80年代後半になると、輸入ガラスの活用が大手建設会社の資材調達の中に定着し始め、近年はカーテンウォール用の**強化ガラス**の輸入が目立つようになっている。

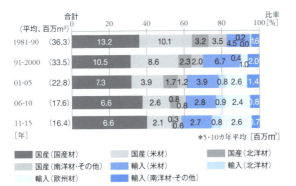

左記の値は土木用や梱包材用なども含むが、建築用がおおむね8割ほどを占める

図1 | 建築用を中心とした製材の国内出荷量と輸入量

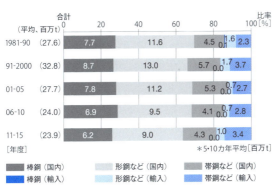

国内受注量は鉄鋼メーカーの建築向け直接供給と販売業者を経由した供給の合計値。なお、販売業者の国内受注量や輸入量の7割ほどを建設用(含土木)が占めるといわれている

図2 | 建築用を中心とした鋼材(普通鋼)の国内受注量と輸入量

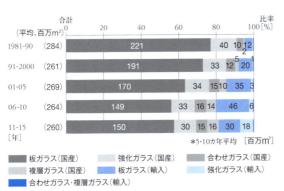

強化ガラスの輸入量を除き、自動車・船舶用を含む。基本的に板ガラスは建築用であるが、国産強化ガラスでは30-40%ほど、国産合わせガラスでは15%ほどにとどまるといわれている

図3 | 建築用を中心としたガラスの国内受注量と輸入量

10 建材・建築部品規格の グローバル化

自由貿易の推進が 日本の建築生産にもたらした影響

大量生産と大量販売の進展に伴い、世界各国で製品規格がつくられた。規格は、生産者が市場シェアを拡大する手段になるだけでなく、購入者が要求品質を確保する手段にもなったためである。しかし、自由貿易圏が拡大した20世紀後半には、そうした国家規格が貿易の障壁と見なされるようになる[表1]。

その結果、製品規格を巡る国際的動向が、思わぬかたちで日本の建築生産に影響を及ぼすことになった。そもそもJISやJASが定める建築関連規格は、他の分野に比べて必ずしも多いわけではない。しかし、その多くが建築基準法や消防法に引用されているため[図1]、こうした規格が変更されると、構造性能や防火性能の技術基準の修正が必要になる。さらに場合によっては、建物の安全性を支える制度そのものの見直しにまでつながっていったのである。

GATTスタンダードコードから TBT協定へ

例えば1983年からは、JAS認定工場の海外設立が可能になり、製材輸入が増加する発端となった。こうした国家規格の開放は、GATTスタンダードコードの発効に起因しており、自由貿易圏の各国に等しく求められた取り組みであった。また97年には、石こうボードのJISが改定され、厚みの規格が変更された。これは、95年発効のTBT協定によって、各国の規格と国際規格を整合させることが求められるようになったためであった[表2]。

とりわけ建築基準法の2000年改正は、こうした非関税障壁の撤廃を求める動きと深く関係している。かつては各種材料の業界団体が定めた標準仕様が国土交通大臣によって防火材料などに認定され、通則品などと呼ばれていた。しかし、建築基準法が性能規定化される際、こうした大臣認定のあり方も撤廃され、建築確認の申請実務に大きな影響を与えることになった。

表1 | 製品規格づくりと自由貿易の主な動向

時期	動向	関連事項
19世紀後半	米国のさまざまな民間団体が製品規格を開発し始める	米国機械学会(ASME, 1884)、電子・電気技術者協会(IEEE, 1894)発足
20世紀前半(戦前)	各国で国家規格づくりが進み、国際規格の導入も始まる[*1]	英国規格協会(BSI, 1901)[*2]、米国材料試験協会(ASTM, 1902)、ドイツ規格協会(DIN, 1917)、フランス規格協会(AFNOR, 1926)発足
20世紀後半(戦後)	関税及び貿易に関する一般協定(GATT)に基づく自由貿易の推進	GATTの発効(1947) 国際標準化機構(ISO)発足(1947) GATTスタンダードコードの発効(1980)
20世紀末以降	世界貿易機構(WTO)を中心とした自由貿易の推進	WTO協定の発効(1995)。貿易の技術障害に関する協定(TBT協定)も同時発効

*1 1906年に国際電気標準会議(IEC)、1928年には万国規格統一協会(ISA)が発足
*2 発足当時の名称はエンジニアリング標準委員会(ESC)

JISの規格数の内訳(上位5分野)
*2015年3月現在、全10,599規格中

法律へのJISの引用回数(上位5法令)
*2015年3月現在、延べ6,579回中

図1 | 建築関連JISの現状

表2 | 日本の建材・建築部品に関わる規格の動向

年	動向
1906	政府調達のポルトランドセメントに対する試験方法が統一される(農商務省)
1921	工業品規格統一調査会が設置され、日本標準規格(JES)の作成が始まる
1939	物資節約のため、要求品質を下げた臨時日本標準規格(臨JES)の作成が始まる
1949	工業標準化法が制定され、日本工業規格(JIS)の作成が始まる
1950	農林物資の規格化等に関する法律が制定され、日本農林規格(JAS)の作成が始まる
	建築基準法が制定され、その中にJISとJASが引用される
1980	国外の製造業者にJISが開放され、JIS認定工場の海外設立が始まる
1983	国外の製造業者にJASが開放され、JAS認定工場の海外設立が始まる
1995	国際標準(ISO規格)に対するJISの整合化が始まる
2000	建築基準法が性能規定化され、業界団体に対する通則品認定も廃止される

11 建築設計に関する資格の相互承認

日本の建築設計資格の現状

建築設計の職能は社会のあり方と不可分である。日本の建築士は、欧米でいうアーキテクトとエンジニアを兼ねている。

20世紀後半の日本では、大量の建築需要が長期にわたって継続し、こうした総合的な建築技術者の育成が大量に求められた。そのため、4年制大学の建築課程以外の卒業者に対しても一級建築士の受験資格が与えられ、大学院の修学期間そのものも実務経験と見なされてきた。

しかし、2008年の建築士法改正によってそうした建築士の受験要件は大きく改められ、資格取得後の定期講習も義務化されることになった[表1]。この改正は、2005年に発覚した耐震偽装事件に対する反省と受け止められたが、実は一級建築士をUIAアーキテクトに整合させるという狙いがあり、90年代に進行したグローバリゼーションと深く結びついた取り組みであった。

建築設計資格の相互承認の経緯

専門業務の資格が貿易上の重要課題として浮上したのは、サービス貿易の自由化に向けて95年にWTOが発足したことにある[表2]。UIAが二国間同士で相互の建築設計資格を承認し合うという方向性を示すと、WTOはこの考え方に基づく建築設計資格の自由化を決定した。そのため、UIAアーキテクトと呼ばれる基準が相互承認の実質的なベンチマークとして機能するようになり、2000年代には世界各国がそれぞれの建築設計資格を見直すことになった。

さらに日本では、この時期に工学系の大学教育プログラムの認定も始まった。この取り組みは認定機関の略称を用いてJABEEと呼ばれている。JABEEはアジア太平洋地域のサービス貿易の自由化に対応したもので、直接的にはAPECエンジニア制度の受け皿づくりを目的としていた。建築関連業務では、構造設計がAPECエンジニアの相互承認の中に含まれている。

表1｜日本の建築設計資格の現状

要件	一級建築士の基本的な受験要件	［参考］UIA*¹アーキテクトの要件
建築教育のあり方	4年制の大学教育（指定科目を修めた卒業者のみ一級建築士の受験が可能）	原則として5年制の大学教育
建築教育プログラムの認定	建築技術教育普及センターによる指定科目の認定	外部の審査機関による認定
実務経験や実務実習	2年間（大学院の修学期間だけでは実務経験にならない）	2年間（将来的には3年間を目標とする）
建築設計資格の認定方法	建築士法に基づく免許	法令に基づいて登録、免許、証明のいずれかを行う
資格取得後の継続職能開発*²	3年ごとの定期講習	UIA支部ごとにCPD制度を構築

*1 国際建築家連合｜*2 略称はCPD

表2｜建築設計資格の相互承認に関連する主な動向

年	項目	内容
1995	WTO*¹の発足	戦後の自由貿易体制を支えたGATT*²がWTO協定に吸収され、サービス貿易の自由化が本格的に始まる
1998	建築実務におけるプロフェッショナリズムの国際推奨基準に関するUIA協定の採択	建築設計資格の国際承認のためのベンチマークが確立する
1999	JABEE*³の発足	日本の工学系大学教育において技術者教育プログラムの認定が始まる
2000	APEC*⁴エンジニア制度の開始	7カ国・地域が参加。土木や構造を含む9分野でAPECエンジニアの登録が始まる
2005	APECアーキテクト制度の開始	オーストラリアの提案で制度創設 13カ国・地域が参加
2008	建築士法改正	日本において建築教育プログラムの認定が始まる

［参考］
1991年 ソビエト社会主義共和国連邦の解体｜1992年 中華人民共和国が市場経済を導入
1993年 欧州連合（EU）の発足

*1 世界貿易機構｜*2 関税及び貿易に関する一般協定
*3 日本技術者教育認定機構｜*4 アジア太平洋経済協力会議

12 品質マネジメントのグローバル化

品質マネジメントの国際規格と第三者認証制度の普及

1987年に生まれたISO9000ファミリーは、瞬く間に世界中に普及した。EUが貿易戦略として後押ししたことに加え、90年代には国際的なサプライチェーンが広がり、新たな品質マネジメント手法が求められるようになったためである。

品質マネジメントには、業務改善と業務監査という2つの側面がある[図1]。日本で発展したTQCは前者の取り組みであったが、製品の構成要素を広く社外調達する場合は、むしろ取引先の品質保証体制の見極めが重要になる。その規格としてISO9000ファミリーが登場すると、業務監査の効率化に向けて第三者機関が行った監査を認証する制度も整備されていく。さらに、環境意識が高まった90年代後半には、環境対策の監査規格がISO14000ファミリーにまとめられ、認証制度と結びついたマネジメント規格の普及に拍車を掛けることになった[表1]。

マネジメント規格が建築分野にもたらした影響

ISOのマネジメント規格を翻訳したJISがTBT協定の発効前後に作成されると、ISO認証ブームとも呼ぶべき状況が日本の建設業に生じる。その結果、マネジメント規格の認証件数の約1/4を、建設分野が占めることになった[図2]。

工事現場では、さまざまな材料と各種専門工事業の労務が一つの建物へと融合されていく。そこで行われる元請業者の施工管理は、業務監査を通した品質確保という考え方と、必ずしもかけ離れているわけではない。その一方でISO9000ファミリーは製造業向けの監査規格であり、建築生産に馴染まない点も存在した。建築生産では、1品ごとに請負契約を結び、設計と施工を別組織で分業するのが基本である。つまり、20世紀末のISO認証ブームとは、こうした建築生産のユニークなものづくりを改めて認識させる一つの機会にもなったのである。

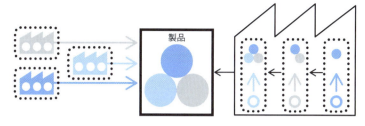

図1 | 品質マネジメントの2つの側面

取引先の品質保証体制の監査　品質の確保　自社業務の改善

表1 | ISO9000ファミリー関連の主な動向

年	項目
1970年代後半	日本の製造業で発展したTQC（総合品質管理）が、大手建設会社でも推進され始める
1979	品質マネジメントの英国規格（BS5750）が作成される
1987	品質マネジメントの国際規格（ISO9000ファミリー）[*1]が主にBS5750に基づき作成される
1991	ISO9000ファミリーの翻訳規格[*2]がJISに作成される
1993	品質マネジメント規格に関する認定機関[*3]が日本に設立される
1995	日本にISO9001認証を取得した建設会社が現れる
1996	環境マネジメントの国際規格（ISO14000ファミリー）が作成される ISO14000ファミリーの翻訳規格がJISに作成される

[*1] ISO9000、9001〜9003（2000年版から9001に統合）、9004。これらはISO9000シリーズと呼ばれることもある
[*2] JIS Z 9900、9901〜9902、9904。これらは2000年からJIS Q 9000〜9004となった
[*3] 現在の日本適合性認定協会（当時は日本品質システム審査登録認定協会）

ISO9001（合計 33,473件）
*2016年6月現在

ISO14001（合計 17,912件）
*2016年6月現在

図2 | 日本におけるISOマネジメント規格の認証件数（上位5分野）

参考文献

Chapter 1

- 古川修・永井規男・江口禎『新建築学大系44 建築生産システム』彰国社、1982
- 太田博太郎『増補新版 日本建築史序説』彰国社、1969

Chapter 2

- 佐藤考一・松村秀一「公庫融資によるプレハブ化推進に関する考察」『日本建築学会計画系論文集』第722号、日本建築学会、2016
- 日本建設業連合会『建設業ハンドブック2016』日本建設業連合会、2016
- 住宅リフォーム・紛争処理支援センター「住宅リフォームの市場規模」2015
- 松村秀一『「住宅ができる世界」のしくみ』彰国社、1998

Chapter 3

- 日本建築センター『A QUICK LOOK AT HOUSING IN JAPAN 2017年6月版』日本建築センター、2017
- 国土交通省住宅局建築指導課・建築技術研究会『基本建築基準法関係法令集 2017年版』建築資料研究社、2016
- 永野義紀「住宅政策と住宅生産の変遷に関する基礎的研究 木造住宅在来工法に係わる振興政策の変遷」九州芸術工科大学 博士論文（芸博甲第25号）、2006
- 民間(旧四会)連合協定工事請負契約約款委員会『民間(旧四会)連合協定工事請負契約約款』民間(旧四会)連合協定工事請負契約約款委員会、2016
- 建築技術教育普及センター『建築技術教育普及

センターパンフレット』建築技術教育普及センター、2015
- 松村秀一・佐藤考一・森田芳朗・江口亨・権藤智之『箱の産業』彰国社、2013
- 建設産業専門団体連合会「平成22年度 重層下請構造の簡素化等委員会調査報告書」2011
- 国土交通省第1回建築法体系勉強会資料「建築法体系の概要」『検討事項関連データ・指摘事項等』2011
- 日本建設機械工業会『日本建設機械工業会20年の歩み』日本建設機械工業会、2010
- 松村秀一・佐藤考一・蟹沢宏剛・角田誠「住宅構法と住宅生産」住宅総合研究財団『現代住宅研究の変遷と展望』丸善、2009
- 山梨知彦『業界が一変するBIM建設革命』日本実業出版社、2009
- 松村秀一ほか「100号記念特集号 住宅部品がもたらしたもの」『ALIA NEWS』100号、2007
- 清文社東京編集部『図説 一括下請負の禁止の徹底運用実務ハンドブック』清文社、2003
- 内田賞委員会事務局『日本の建築を変えた八つの構法：内田賞顕彰事績集』内田賞委員会事務局、2002
- 日本建築学会『現場打ち同等型プレキャスト鉄筋コンクリート構造設計指針(案)・同解説(2002)』日本建築学会、2002
- 日本建築学会『コンストラクションオートメーション——建築施工自動化の現状と将来展望』日本建築学会、2001
- 建築図解辞典編集委員会『図解辞典 建築のしくみ』彰国社、2001
- 佐﨑昭二「90年代の建設労働研究(三)」『建設総合研究』第187号、建設調査会、1999
- 松村秀一『「住宅」という考え方』東京大学出版会、1999
- 米田雅子企画「特集：建築と情報技術」『建築技

術」1998年6月号

- 内田祥哉ほか「特集：住宅部品の変遷」『better living』no.158、1997
- 松村秀一ほか「特集：プレキャスト化さらにひろがる」『施工』1996年4月号
- 中田慎介監修「特集：コンクリートのPCa化手法の実際」『建築技術』1995年5月号
- 日本建築学会『建築生産・情報技術──建築生産情報統合ガイドブック』日本建築学会、1995
- 筆宝康之『日本建設労働論』御茶の水書房、1992
- 内山尚三・打田畯一・加藤木精一『新訂 建設業法』第一法規出版、1990
- 大河直躬『町場の建築生産』『群居』21、群居刊行委員会、1989
- 松村秀一「都市域での「町場」の変容」『群居』21、群居刊行委員会、1989
- 大野勝彦『地域住宅工房のネットワーク』彰国社、1988
- 日本住宅学会編『構法計画パンフレット1 工業化住宅の構法計画』彰国社、1984
- 日本住宅学会編『構法計画パンフレット5 工業化戸建住宅・資料』彰国社、1983
- 古川修・永井規男・江口禎『新建築学大系44 建築生産システム』彰国社、1982
- 内田祥哉『建築生産のオープンシステム』彰国社、1977
- United Nations, "Government policies and the cost of building, prepared by the secretariat of the Economic Commission for Europe", 1959

Chapter 4

- 松村秀一編『建築生産（第二版）』市ヶ谷出版社、2010
- 松村秀一『「住宅ができる世界」のしくみ』彰国社、1998

- デイヴィッド・ハルバースタム著、金子宣子訳『ザ・フィフティーズ 上巻』新潮社、1997
- 松村秀一監修『工業化住宅・考』学芸出版、1987
- 藤沢好一・職人型住宅研究団「住宅をつくる職人たち 最終回」『建築知識』1985年12月号
- 日本住宅・木材技術センター編『木造住宅1 これからの木造住宅』丸善、1982
- 古川修・永井規男・江口禎『新建築学大系44 建築生産システム』彰国社、1982

Chapter 5

- 日本建築積算協会『建築積算士ガイドブック 第7版』日本建築積算協会、2017
- 建設業労働災害防止協会『建設業 安全衛生早わかり 平成29年度版』建設業労働災害防止協会、2017
- 日本建設業連合会『建設業の環境自主行動計画 第6版 2016−2020年度』日本建設業連合会、2016
- 建設物価調査会『ジャパン・ビルディング・コスト・インフォメーション2016』建設物価調査会、2016
- 日本建設業連合会関西支部「イラスト「建築施工」改訂版」日本建設業連合会、2014
- 日本建築積算協会『建築コスト管理士ガイドブック 第2版』日本建築積算協会、2013
- 松井達彦・佐々木晴夫監修、高橋達央原作・漫画『マンガでわかる建築施工』彰国社、2011
- 松村秀一編著『建築生産（第二版）』市ヶ谷出版社、2010
- 日本建築学会編『シリーズ地球環境建築・入門編 地球環境建築のすすめ 第2版』彰国社、2009
- 江口清監修『現場技術者が教える「施工」の本〈躯体編〉』建築技術、2006
- 野平修・松島潤監修『現場技術者が教える「施工」の本〈仕上編〉』建築技術、2006

- 日本建築学会『建築工事における工程の計画と管理指針・同解説』日本建築学会、2004
- 建築図解辞典編集委員会『図解辞典 建築のしくみ』彰国社、2001
- アルフォンス J. デリゾゥラ著、上野一郎監訳、嘉納成男・土屋裕・中神芳夫訳『建築プロジェクトにおけるVEの活用』産能大学出版部、2001
- 荒木睦彦『建設業のISOマネジメント・システム』彰国社、2000
- 朝香鐵一編『新版 建設業のTQC』日本規格協会、1986
- 住宅性能評価・表示協会「住宅性能表示制度」ウェブサイト

Chapter 6

- 田村誠邦「建築再生のプロセス――企画段階」松村秀一編『建築再生学――考え方・進め方・実践例』市ヶ谷出版社、2016
- 田村誠邦・中城康彦「建築の価値向上を計画する」松村秀一編『建築再生学――考え方・進め方・実践例』市ヶ谷出版社、2016
- 松村秀一編『建築再生学――考え方・進め方・実践例』市ヶ谷出版社、2016
- 五十嵐太郎編『建築学生のハローワーク 改訂増補版』彰国社、2015
- 藤木亮介・秋山雄一・保科吉徳「住戸内排水横引き管の老朽化対策」『日本建築学会学術講演梗概集 2014』日本建築学会、2014
- 日本建築学会『建物のLCA指針 温暖化・資源消費・廃棄物対策のための評価ツール 第4版』日本建築学会、2013
- 松岡利昌・松成和夫・酒井修・成田一郎・似内志朗『第四の経営基盤』日本ファシリティマネジメント協会、2013
- 五條渉「建築生産と社会規範」松村秀一編『建築生産(第二版)』市ヶ谷出版社、2010
- 齊藤広子・中城康彦『住まい・建築のための不動産学入門』市ヶ谷出版社、2009
- 住宅履歴情報整備検討委員会『これからは「住宅履歴情報」のある家があたりまえになるって本当?』住宅履歴情報整備検討委員会、2009
- 日本建築学会『建築物の調査・診断指針(案)・同解説』日本建築学会、2008
- 日本不動産鑑定協会『鑑定評価40年史』日本不動産鑑定協会、2006
- 村上周三ほか著、日本サステナブル・ビルディング・コンソーシアム編『実例に学ぶCASBEE』日経BP社、2005
- 村上周三ほか著、日本サステナブル・ビルディング・コンソーシアム編『CASBEE入門』日経BP社、2004
- 日本建築学会編『シリーズ地球環境建築・専門編3 建築環境マネジメント』彰国社、2004
- 日本建築学会編『集合住宅のリノベーション』技報堂出版、2004
- FM推進連絡協議会『総解説ファシリティマネジメント』日本経済新聞社、2003
- 脇山善夫・角田誠・松村秀一「センチュリーハウジングシステム認定住宅の使用状況に関する調査」『日本建築学会技術報告集』第10号、日本建築学会、2000
- 中島康孝・太田昌孝『地球環境時代の建築マネジメント』朝倉書店、1997
- Stewart Brand, *How buildings learn: What Happens After They're Built*, Penguin Books, 1995
- 熊田裕之『新借地借家法の解説』一橋出版、1993
- 内田祥哉『建築生産のオープンシステム』彰国社、1977
- 消防防災科学センター「消防防災博物館」ウェブサイト

Chapter 7

- 日本建設業連合会『建設業ハンドブック2016』日本建設業連合会、2016
- 日本建設業連合会『建設業ハンドブック2001』日本建設業連合会、2001
- 日本適合性認定協会「マネジメントシステム認証」ウェブサイト、2016
- 日本工業標準調査会・経済産業省『基準認証政策の歩み2015』日本工業標準調査会、2015
- 日本木材加工技術協会「特集：変わる木材流通」『木材工業』2013年12月号
- 大野隆司・近角真一・佐藤考一『性能別に考えるS造設計［構法・ディテール］選定マニュアル 最新版』エクスナレッジ、2013
- 東郷武「日本の工業化住宅（プレハブ住宅）の産業と技術の変遷」国立科学博物館『技術の系統化調査報告 第15集』国立科学博物館、2010
- 『QUA』創刊号－34号、1996－2006
- 久米均『品質管理を考える──日本の品質管理とISO9000』日本規格協会、1999
- UIA編「建築実務におけるプロフェッショナリズムの国際推奨基準に関するUIA協定」『日本建築家協会ニュース』1998年12月号付録
- 建築関連企業の品質保証体制整備研究会編『建築関連企業の品質保証体制整備のための指針と解説』日本規格協会、1996
- 内田青蔵『あめりか屋商品住宅』住まいの図書館出版局、1987
- 石山修武「特集：石山修武 家づくりへの探検」『建築文化』1986年10月号P
- 朝香鐵一編『新版 建設業のTQC』日本規格協会、1985
- 経済産業省「標準化実務入門」2016
- 経済産業省「板ガラス産業の市場構造に関する調査報告」2015

引用転載出典

Chapter 1

- 日本建築学会編『日本建築史図集 新訂第三版』彰国社、2011 | 01_[1][2][3][4]、02_[1][2][3][4]、03_[1][2]
- 日本建築学会編『日本建築史図集 新訂版』彰国社、1980 | 03_[3]
- 日本建築学会編『近代建築史図集 新訂版』彰国社、1976 | 03_[4]
- 今和次郎監修『建築百年史』有明書房、1957 | 04_[1]
- 都市美協会編『建築の東京』都市美協会、1935 | 04_[2]

Chapter 2

- 佐藤考一・松村秀一「公庫融資によるプレハブ化推進に関する考察」『日本建築学会計画系論文集』第722号、日本建築学会、2016 | 03_図2
- 住宅リフォーム・紛争処理支援センター「住宅リフォームの市場規模」2015 | 09_図3
- 松村秀一「『住宅ができる世界』のしくみ」彰国社、1998 | 10_図1
- 性能保証住宅登録機構『戸建住宅の性能向上に資する技術者育成事業に係わる調査検討報告書』性能保証住宅登録機構、1997 | 08_図2
- 建築技術教育普及センターウェブサイト | 06_図1
- 内閣府「国民経済計算」| 01_図1・図2
- 国土交通省「建設業許可業者数調査」| 06_図3、07_表1
- 国土交通省「建設投資見通し」| 01_図2、02_表1・図1・図2、03_図1
- 国土交通省「建築動態統計調査」| 09_図1・図2
- 国土交通省「住宅着工統計」| 11_図2
- 総務省「住宅・土地統計調査」| 11_図1・図2
- 総務省「労働力調査」| 04_図1・図2・図3

- 厚生労働省「賃金構造基本統計調査」| 08_図1
- 厚生労働省「毎月勤労統計調査」| 08_図1
- U.S.Census Bureau, "New Residential Construction", 2014 | 11_図2
- Department for Communities and Local Government, "Housing Statistics" United Kingdom | 11_図2
- Conseil général de l'environnement et du développement, "Service de l'Observation et des Statistiques", Ministère de l'Écologie, du Développement durable et de l'Énergie | 11_図2

Chapter 3

- 松村秀一・佐藤考一・森田芳朗・江口亨・権藤智之『箱の産業』彰国社、2013 | 07_図1f
- 全国木造住宅機械プレカット協会「機械プレカット工場数、木造住宅の工法別シェア、在来工法のプレカット率」『木材需給と木材工業の現況』日本住宅・木材技術センター、2012をもとに作成 | 10_図2
- 国土交通省社会資本整備審議会住宅宅地分科会第4回基本制度部会資料「住宅建設計画法及び住宅建設五箇年計画のレビュー」2005をもとに作成 | 05_図1
- 日本住宅・木材技術センター「木造住宅供給支援システム認定制度」2003 | 09_図2
- 坂本功監修『日本の木造住宅の100年』日本木造住宅産業協会、2001 | 08_図1
- 建築図解辞典編集委員会編『図解辞典建築のしくみ』彰国社、2001 | 13_図2
- 澤田光英『わたしの住宅工業化、産業化の源流物語』日本建材新聞社、1997をもとに作成 | 02_図2
- 岡本公夫・大穂弘幸・田中久雄・吉松敏行・本間完介・関口智文「柱PCa化を軸とした躯体合理化施工システム」『施工』1996年4月号 | 12_図2左

- 岩下繁昭『日米住宅部品品種数比較調査レポート』アティアス、1995をもとに作成 | 13_図1
- 建設省総合技術開発プロジェクト「建設事業における施工新技術の開発」成果報告書 | 04_図1
- 力武庄之助「PCa化工法を構成する部品・部材と適用事例」『建築技術』1995年5月号 | 12_図2右
- 小早川敏「PCa化の変遷、現状と今後の方向性」『建築技術』1995年5月号をもとに作成 | 12_図1・図3左(転載)
- 森哲郎・汐川孝「ABCS[全自動ビル建設システム]」『施工』1994年3月号 | 01_図2右
- 松村秀一「住宅供給業者の多層化」大野勝彦『地域住宅工房のネットワーク』彰国社、1988 | 11_図1
- 大野勝彦『地域住宅工房のネットワーク』彰国社、1988 | 11_図2
- 日本建築学会編『構法計画パンフレット1 工業化住宅の構法計画』彰国社、1984 | 06_図2、07_図1b
- プレハブ建築協会編『世界のプレハブ・システム』プレハブ建築協会、1968 | 06_図1
- Michael Rostron, *Light Cladding ob Buildings —— Isometric Details of Copper house etc*, The Architectuarl Press, 1964 | 07_図1a
- 総務省「経済センサス基礎調査結果」| 08_図2

Chapter 4

- 国土交通省「木造住宅の担い手の現状」2015 | 07_図1
- 横浜市「横浜市新市庁舎整備基本計画」2014 | 05_図2
- 松村秀一編『建築生産(第二版)』市ヶ谷出版社、2010 | 03_図1
- 新・建築士制度普及協会「工事管理ガイドラインが策定されました」2009 | 01_図2

- 住宅金融公庫「昭和62年公庫融資住宅の地域特性の分析」松村秀一『「住宅ができる世界」のしくみ』彰国社、1988をもとに作成 | 07_図2
- 古川修・永井規男・江口禎『新建築学体系44 建築生産システム』彰国社、1982 | 01_図1
- "Nation's Biggest Housebuilder", *LIFE*, Aug 23, 1948 | 08_図1
- 「国土交通省告示第15号」| 02_表2・表3

Chapter 5

- 日本建築積算協会『建築コスト管理士ガイドブック 第2版』日本建築積算協会、2013 | 02_表1
- 建築図解辞典編集委員会『図解辞典 建築のしくみ』彰国社、2001 | 10_図1、12_図3
- 日本建築学会『構造用教材』丸善、1995 | 11_図2
- 日本建築学会『建築工事標準仕様書・同解説 JASS 2 仮設工事』丸善、1994 | 09_図3・図4
- 朝香鐵一・田村恭監修『建設業のTQC』日本規格協会、1980 | 04_図1・図2
- 建設業労働災害防止協会「労働災害統計」2017 | 06_図1

Chapter 6

- 関西防水管理事業協同組合・田島ルーフィング『「防水」改修読本』2016 | 17_図1
- 日本サステナブル建築協会『CASBEE —— 建築(既存)建築環境総合性能評価システム 評価マニュアル 2014年度版』建築環境・省エネルギー機構、2014をもとに作成 | 12_表1
- 日本建築学会「建築系大学卒業生の進路に関する第五回調査報告書」2012 | 02_図1
- 青木茂『再生建築 Reviving Buildings』ユーディ・シー、2009 | 21_図1

- 伊香賀俊治「建築物のLCA・LCC手法の国・自治体・民間での活用状況」日本LCA学会誌 Vol.4、2008をもとに作成| **12_図1**
- 都市再生機構「KSIを支える歴史」2006| **15_図1中・下**
- マンション管理センター・元気なマンション管理を育てる会編『マンション管理の診断マニュアル』オーム社、2002| **13_図1**
- 中島康孝・太田昌孝『地球環境時代の建築マネジメント』朝倉書店、1997をもとに作成| **06_図4・図5**
- ベターリビングホーム『BL部品データブック』ベターリビングホーム、1997| **11_図1**
- 日本住宅学会編『構法計画パンフレット1 工業化住宅の構法計画』彰国社、1984| **15_図1上**
- Charles Jencks, *The language of post-modern architecture*, Rizzoli, 1977| **19_図1**
- 久谷政樹『朝日新聞』1973年1月3日号| **04_図1**
- 日本DIY協会「年間総売上高とホームセンター数の推移(推計値)」2017をもとに作成| **15_図3**
- 国土交通省「改修によるマンションの再生手法に関するマニュアル」2010| **17_表1**
- 環境省「産業廃棄物の排出・処理状況について 平成25年度実績」2015| **12_図2**
- 総務省「住宅・土地統計調査」、U. S. Census Bureau, "American Housing Survey"をもとに前島彩子、Robert Schmidt Ⅲと共に作成| **10_図1・図2**
- EUROCONSTRUCT, "Annual Bulletin of Housing and Building Statistics for Europe and North America"| **06_図1・図2**
- 総務省「住宅・土地統計調査」| **03_図1、04_図2、06_図1**
- 総務省「国勢調査」| **04_図3**
- 国土交通省「建築統計年報」| **06_図1**
- 内閣府「国民経済計算」| **06_図2**

Chapter 7

- 日本建設業連合会『建設業ハンドブック2001』、日本建設業連合会『建設業ハンドブック2016』2001／2016をもとに作成| **02_表1、03_図1・図2・図3、04_図1**
- 海外建設協会「海外建設受注実績」2016をもとに作成| **01_図2**
- 日本適合性認定協会「マネジメントシステム認証」ウェブサイト、2016をもとに作成| **12_図2**
- ENR「Engneering News Record」2015.08.24／31号をもとに作成| **02_表2**
- 日本工業標準調査会『基準認証政策の歩み2015』日本工業標準調査会、2015をもとに作成| **10_図1**
- 日本住宅・木材技術センター「貿易統計」「木材需給報告書」『木材需給と木材工業の現況』日本住宅・木材技術センター、2013をもとに作成| **09_図1**
- 「アジア諸国における建築積算の動向」『建築コスト研究』NO.78、2012をもとに作成| **03_図4**
- 日本建設業連合会『建設業ハンドブック2001』日本建設業連合会、2001| **01_表1**
- 内田青蔵『あめりか屋商品住宅』住まいの図書館出版局、1987| **07_図1右**
- 『建築文化』1986年10月号| **07_図2**
- 『住宅産業』1972年3月号をもとに作成| **05_表1**
- 『住宅産業』1971年8月号| **05_図1**
- 『婦人の友』1916年4月号| **07_図1左**
- 国土交通省「輸入住宅関連企業アンケート」2006| **07_図3、07_図4**
- 日本鉄鋼連盟出版『鉄鋼統計要覧』、財務省「貿易統計」をもとに作成| **09_図2**
- 経済産業省「窯業・建材統計年報」、財務省「貿易統計」をもとに作成| **09_図3**

| Photo credits | 写真クレジット |

写真クレジット

旭化成建材
3-02_図1中下
—

朝吹香菜子
5-15_図3・図4
—

淡路技建
3-02_図1左下
—

石上純也
建築設計事務所
6-20_図1d
—

岩波書店
1-01_[2]
—

エスエス東京
7-04_図2右下
—

大岡実
1-01_[3]
—

大林組
3-01_図2右
—

垣成一訓
1-03_[1]
—

北川鉄工所
3-01_図1左
—

絹巻豊
6-20_図1a
—

木村設計A・T
2-06_図2
—

コベルコ建機
3-01_図1右上

佐藤考一
3-18_図1
—

三協アルミ
3-02_図1右上
—

小学館
1-01_[1]
—

角倉英明
2-05_図2、
3-10_図1
—

積水ハウス
3-07_図1e
—

積水化学工業
7-06_図1右
—

高岡弘
6-20_図1b
—

田島ルーフィング
6-17_図1
—

タツミ
3-09_図1
—

大和ハウス工業
3-07_図1d、
7-05_図2
—

角田誠
2-11_図3、
6-01_図1、
6-07_図2・図3、
7-01_図1
—

東京合板工業組合
3-02_図1中上
—

都市再生機構
6-19_図2
—

トヨタT&S建設
3-07_図1c
—

日工
3-01_図1右下
—

日本車輌製造
3-01_図1中
—

野本行衛
1-02_[1][4上・下]
—

ハカ
7-06_図1左
—

平尾行夫
1-02_[3]
—

ブルースタジオ
6-19_図3右、
6-20_図1b（提供）

便利堂
1-02_[2]
—

増田彰久
1-03_[4]
—

村沢文雄
1-01_[4]、
1-03_[3]
—

吉浦隆紀
6-15_図2
—

吉田靖
1-03_[2]
—

吉野石膏
3-02_図1左上

LIXIL
3-02_図1右下
—

リビタ
6-19_図3左

彰国社写真部
7-04_図2左・右上

彰国社編集部
6-20_図1c

索引

英数字

BIM	50, 90
BL部品	54
CAD-CAM	62
CM	96, 190
DIY	166
ECI方式	108
FM	164
GATTスタンダードコード	202
HOPE計画	60
HPC構法	54
ISO14000ファミリー（14001）	110, 118, 206
ISO9000ファミリー（9001）	110, 118, 206
ISO	74, 206
JABEE	204
JAS	74, 202
JIS	74, 202
J-REIT	180
JV	76
KJ部品	54
LCA	160
LCC	108, 148
LEED	190
PCa化	94
PCa版	48, 54
PCa複合化構工法	66
PDCAサイクル	110
PM	96, 190
QC7つ道具	112
QCDSE	110
SPH	54
TBT協定	202
UIAアーキテクト	204
VE	108
WTO政府調達	184

あ

足場	124
安全施工サイクル	116

い

いえかるて	172
いえづくり'85プロジェクト	64
維持管理	148
維持保全	148
意匠図	90
一式請負	14
一式工事業	32
一般管理費	106
一般競争入札	16, 92
一般建設業	73
イニシャルコスト	148
イームズ邸	48
インカムアプローチ	154
インスペクション	168

う

請負契約	28, 76
運用・利用	86, 148

え

エリアマネジメント	140

お

オイルショック	24, 118, 194
大鋸引	12
オーダーエントリー	68
オーダーメイド賃貸	166
帯鋼	200
オープンシステム	48

か

海外売上高率	186
海外工事	188
海外工事受注	184
海外住宅事業	194
海外進出	192
会計法	16
外材	200
概算工事費	88
外装工事	130
解体工事	134
外部要因	150
改良保全	148
瑕疵担保責任	112

カスタマイズ賃貸	166	業務分化	65	減築	150, 177
仮設工事	124	共用部分	162, 170	建築確認	112, 120
寡占化	98	許可業種	32	建築基準法	
型枠	128			（施行令・施行規則）	74
借入金	150	**く**		建築工事内訳書	106
仮囲い	124	区分所有権	162	建築士	30, 72
環境アセスメント	118	区分所有者	170	建築士の業務範囲	73
環境性能評価	160, 190	区分所有法	162	建築士法	72, 74
環境配慮設計	160	クラフトマンシップ	68	建築生産近代化	60
環境ラベル	160	クリティカルパス	114	建築施工管理技士	72
関西国際空港	184	グローバリゼーション	198	建築主	29, 70, 86
勧進僧	12			建築部品	46, 199
監理技術者	72	**け**		建築プロジェクト	70, 86
管理規約	162	経営資源	164	現場監督	88, 91
完了検査	112	経済性要素	150	現場管理費	106
		経済的耐用性	156		
き		契約	70, 76	**こ**	
企画	86, 140	減価償却	156	公営住宅	36, 52
規格構成材方式	48	原価法	154	工期短縮	94
基礎工事	126	建設会社	30	工事遅延	96
既存住宅	36, 40, 148	建設業就業者数	26	工業化	56
既存不適格建築物	142	建設業の許可（票）		工事請負契約	76, 92
技能工	26, 35, 81		30, 72, 120, 190	工事監理	88, 90
規模の経済性	98	建設業法	72, 82	工事監理委託契約	76
基本設計	88, 94	建設作業者	26	工匠座	12
給排水管	132	建設投資（額）		高所作業	130
強化ガラス	200		20, 22, 24, 186	更新工事	170
共通仮設	124	建設副産物対策	118	更生工事	170
共通仮設費	106	建設リサイクル法	134	構造図	90
共同請負	76	現代住宅双六	144	公団住宅	38

工程計画	114
高度経済成長	38, 102
工務店	58
高力ボルト締め	128
顧客満足度	164
国際化	184
国際標準化機構	74
国土交通省告示	74
国内総生産	20
コストアプローチ	154
コスト管理	108
コストコントロール	108
コストプランニング	108
雇用規模	26, 186
雇用契約	76
コンストラクションマネジメント	96, 190
コンバージョン	178

さ

材工一式	102
再生市場	36, 40, 149
再生投資	40, 149
逆打ち工法	126
作業の錯綜	130
サプライチェーン	198
サブリース方式	180
山作工	12
産出額	20

し

寺院知行国制	12
地業	126
事業期間	138
事業計画	150
事業性評価方法	152
資源ナショナリズム	198
資産価値	138
施設利用度	164
事前調査	134
下請業者	28
実行予算	106
実施設計(図)	88, 94
自動化施工	44
地盤調査	122
資本自由化	192
指名競争入札方式	92
社会的規範	70, 74
社会的耐用性	156
借地借家法	146
借地法	146
借家法	146
収益価格	154
収益還元法	154
住生活基本法	52, 148
修繕工事	170
重層下請	80, 82
住宅金融公庫	24, 52
住宅建設計画法	52

住宅建設五箇年計画	24, 52
住宅寿命	148
住宅生産気象図	38
住宅性能表示	112
住宅品質確保法	112
住宅不足	36
住宅フランチャイズ	60
住宅履歴情報制度	172
主任技術者	72, 88, 91
準用	80
ジョイントベンチャー	76
生涯費用	148
仕様規定	74
仕様書	94
情報化	50
初期建設費	148
ジョブコーディネーション	102
新建材	46
新耐震基準	142
信託方式	180
新築市場	36
新丁場	78

す

スウェーデン式サウンディング試験	122
スケルトン定借	146
ストック型社会	148

ストック市場	40	専門工事業(者)		建物診断	138, 168
スーパーゼネコン	30		32, 80, 88	建物売買契約	76
棲み分け現象	98	専有部分	162, 170	建物利用者	138
スラム化	174	センチュリー		多能工	102
修理職	10	ハウジングシステム	158	多品種化	68
				タワークレーン	44, 124
せ		**そ**		団地再生	174
生産設計(図)	50, 90	総合工事業(者)		単独世帯	144
性能規定	74		32, 80, 88		
性能発注	94	総合図	50, 90	**ち**	
生物多様性の保全	118	総合評価落札方式	92	地域ビルダー	64
政府投資	22	総合品質管理	112, 207	地球温暖化対策	118
積算	106	総合品質経営	112	中間検査	112
積算価格	154	造国制	10	長期修繕計画	
施工管理	90	測量	122		158, 162, 170
施工管理者	88	杣工	12	長期優良住宅	172
施工計画(書)	90, 114			超高層集合住宅	66
施工体制台帳	82	**た**		直接仮設	124
施工チーム	80	大規模修繕	162, 170	直接工事費	106
施工図書	90	大工	58	直用	80
設計業務委託契約		大工工事業	58	賃金	34
	76, 92	大工職	12		
設計施工一括方式	92	耐震改修促進法	168	**つ**	
設計施工分離方式	92	耐震偽装事件	204	つくば方式	146
設計図書	88, 90	耐震診断	168	ツーバイフォー構法	
設備工事	132	多工区同期化工法	100		128, 196
設備図	90	建物環境性能評価システム			
セルフリノベーション	166		190	**て**	
全自動ライン	62	建物情報	172	定期検査	168
専属下請	81, 82	建物所有者	138	定期借地権	146

定期借家権	146	日常管理	116	標準世帯	144
定期点検	168	日系企業	188		
ティルトアップ工法	54	日本建設業連合会	190	**ふ**	
出来高曲線	114	日本工業規格	74	ファシリティコスト	164
デザインビルド方式	92	日本住宅公団	52, 167	ファシリティマネジメント	164
鉄筋	128	日本農林規格	74	ファシリティマネジャー	164
鉄筋コンクリート工事	128	入職者	26, 186	歩掛り	106
鉄骨工事	128			物理的耐用性	156
転用	178	**ね**		不動産鑑定士	154
		根切り	126	不動産鑑定評価基準	154
と		ネットワーク工程表	114	不燃化	60
統括管理	116			プレカット工法	62
統計的管理	108, 112	**の**		プレキャストコンクリート版	
投資回収期間	152	野丁場	78		54
投資額	150, 153			プレコン	56
投資価値	152	**は**		プレハブ住宅(メーカー)	
棟梁	14	配管	132		56, 64, 192
独占禁止法	72	廃棄処理	86	プレモス	56
特定建設業	73	配線	132	フロー型社会	148
特命契約方式	92	バーチャート工程表	114	プロジェクトチーム	70
土工事	126	発注契約	86	プロジェクトマネジメント	
都市再生機構	174	発注者	28		96, 190
土地建物の所有形態	147	バブル景気	22, 24, 38	プロット図	90
取引事例比較法	154	パワービルダー	64	プロパティマネジメント	140
トロッケンモンタージュバウ				フロントローディング	94
	56	**ひ**		分別解体	134
		比準価格	154		
な		非木造建築	16	**へ**	
内装工事	130	標準貫入試験	122	平板載荷試験	122
内部要因	150			ベンチマーク	122

ほ

防護棚	124
法定耐用年数	156
ボーリング調査	122
ホワイトウッド	200
本邦法人	188

ま

マイルストーン	114
マーケットアプローチ	154
マスハウジング	54
町場	78
マンション管理士	162
マンション管理適正化指針	162
マンション管理適正化法	162

み

見積	106
民間投資	22
民間連合協定約款	188
民法	72

も

木造建築工事業	58
木造住宅合理化システム認定制度	60
木工寮	10
木工事	128

持家政策 24, 144
元請（業者） 28, 88

や

約款	77, 188
山留め	126
遣り方	122

ゆ

ユニット構法	56

よ

揚重機	124
用途変更	138, 178
浴室ユニット	46, 55, 100

ら

ライフサイクルアセスメント	160
ライフサイクルコスト	148
ランニングコスト	148

り

リーシング	180
リノベーション	138, 176
リフォーム会社	58
リーマンショック	36, 186
流通市場	40
利用価値	138
量産公営住宅	54, 56

れ

レヴィットタウン	100
劣化診断	168

ろ

労働安全衛生法	116
労働災害	116
労働時間	34

わ

枠組壁工法	128, 196
ワークプレイス	164

略歴

佐藤考一 | さとうこういち

1966年、栃木県生まれ。1990年、東京大学工学部建築学科卒業。1997年、東京大学大学院工学系研究科博士課程修了。A/E WORKS代表理事。博士（工学）。現在、金沢工業大学教授。主な著書＝『箱の産業』（共著、彰国社）、『初学者の建築講座 建築計画』（共著、市ヶ谷出版社）、『耐火木造［計画・設計・施工］マニュアル』（共著、エクスナレッジ）ほか。

角田 誠 | つのだ まこと

1959年、東京都生まれ。1983年、東京都立大学工学部建築工学科卒業。1985年、東京都立大学大学院工学研究科修士課程修了。博士（工学）。現在、東京都立大学教授。主な著書＝『建築再生学』（共著、市ヶ谷出版）、『建築生産（第二版）』（共著、市ヶ谷出版社）、『現代住宅研究の変遷と展望』（共著、丸善）ほか。

森田芳朗 | もりた よしろう

1973年、福岡県生まれ。1998年、九州大学大学院工学研究科修士課程修了。2004年、東京大学大学院工学系研究科博士課程修了。博士（工学）。現在、東京工芸大学工学部教授。主な著書＝『箱の産業』（共著、彰国社）、『世界のSSD100：都市持続再生のツボ』（共著、彰国社）ほか。

角倉英明 | すみくら ひであき

1977年、東京都生まれ。2000年、芝浦工業大学卒業。2008年、東京大学大学院工学系研究科博士課程修了。博士（工学）。国土技術政策総合研究所住宅研究部、建築研究所建築生産研究グループを経て、現在、広島大学大学院准教授。

朝吹香菜子 | あさぶき かなこ

1979年、埼玉県生まれ。2002年、東京大学工学部建築学科卒業。2007年、東京大学大学院新領域創成科学研究科博士課程修了。博士（環境学）。国土交通省技官を経て、現在、国士舘大学准教授。主な著書＝『建築材料新テキスト』（共著、彰国社）、『高層建築が一番わかる』（共著、技術評論社）ほか。

図表でわかる 建築生産レファレンス

2017年11月10日　第1版　発　行
2024年 3月10日　第1版　第3刷

著　者	佐藤考一・角田　誠・森田芳朗 角倉英明・朝吹香菜子
発行者	下　　出　　雅　　徳
発行所	株式会社　彰　国　社

著作権者との協定により検印省略

自然科学書協会会員
工学書協会会員

Printed in Japan

©佐藤考一（代表）　2017年

ISBN 978-4-395-32089-9　C3052

162-0067　東京都新宿区富久町8-21
電話　03-3359-3231（大代表）
振替口座　00160-2-173401

印刷：壮光舎印刷　製本：ブロケード

https://www.shokokusha.co.jp

本書の内容の一部あるいは全部を、無断で複写(コピー)、複製、および磁気または光記録媒体等への入力を禁止します。許諾については小社あてにご照会ください。